아이가 주인공인 책

아이는 스스로 생각하고 매일 성장합니다.
부모가 아이를 존중하고 그 가능성을 믿을 때
새로운 문제들을 스스로 해결해 나갈 수 있습니다.

〈기적의 학습서〉는 아이가 주인공인 책입니다.
탄탄한 실력을 만드는 체계적인 학습법으로
아이의 공부 자신감을 높여 줍니다.

아이의 가능성과 꿈을 응원해 주세요.
아이가 주인공인 분위기를 만들어 주고,
작은 노력과 땀방울에 큰 박수를 보내 주세요.
〈기적의 학습서〉가 자녀 교육에 힘이 되겠습니다.

미래의 내 모습 그리고 설명하기
나는 식당을 열어
서 고아원 아이들을
도와 줄겁니다. 그리고
아이돌이되어 웃게 해줄겁니다
성우도되어 어린이들 웃게 할겁니다

조심조심 착은히 통
해야 된다.

숙제가 하기 싫었는데 매미소리 덕에
한결기분이좋아졌다

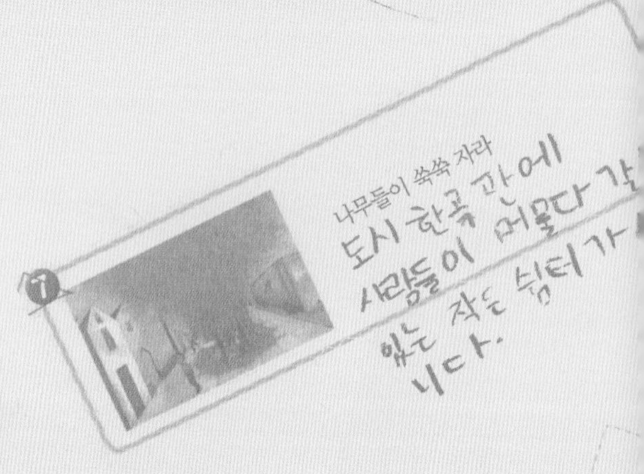

나무들이 쑥쑥 자라
도시 한곳간에
사람들이 머물다 갈
있는 작은 쉼터가
니다.

빠르

다섯친구들은 아주 용감하
다. 다섯친구들
너무 좋다.

어이없이 소원을빌었으니
이제 나무를 잘 패세요.

그 다섯 명이
셀줄도 몰르고
덤벼서 너무 아
프고 억울해
또 만나면 혼
내줄거야
호랑이

언제	새벽 5시에
어디에서	집에서
누구와	나와
무슨 일	더워서 새벽5시에일어났다

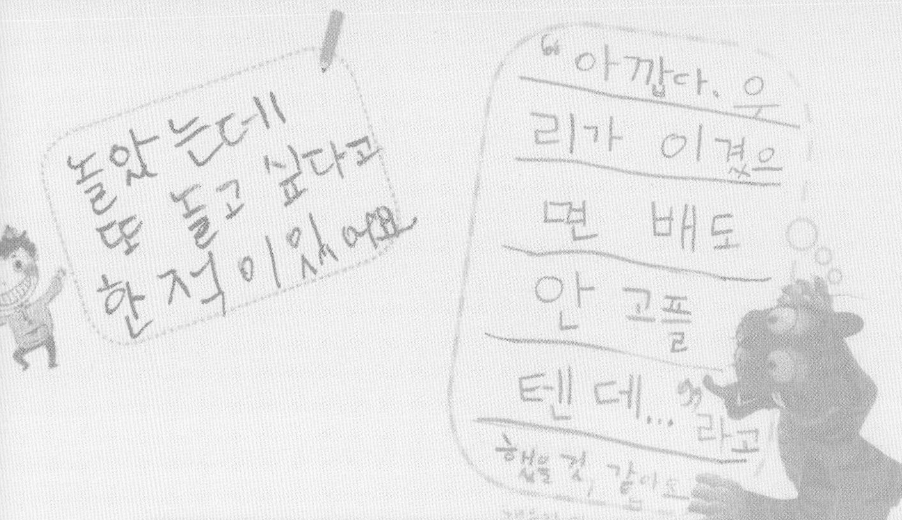

[기적의 독서 논술] 샘플을 먼저 경험한 전국의 주인공들

강민준 공현욱 구민서 구본준 권다은 권민재 김가은 김규리 김도연 김서현 김성훈
김윤아 김은서 김정원 김태완 김현우 남혜인 노윤아 노혜욱 류수영 박선율 박세은
박은서 박재현 박주안 박채운 박채환 박현우 배건웅 서아영 손승우 신예나 심민규
심준우 양서정 오수빈 온하늘 원현정 유혜수 윤서연 윤호찬 이 솔 이준기 이준혁
이하연 이효정 장보경 전예찬 전헌재 정윤서 정지우 조연서 조영민 조은상 주하림
지예인 진하윤 천태희 최예린 최정연 추예은 허준석 홍주원 홍주혁

"

고맙습니다.

우리 친구들 덕분에 이 책을 잘 만들 수 있었습니다.

"

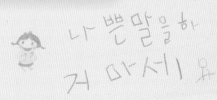

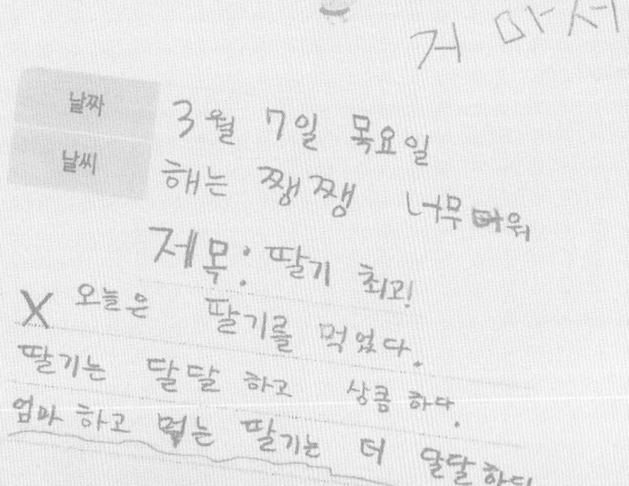

안녕? 난 **뚱**이라고 해. 2019살이야.

디자이너 비따쌤이 만들었는데, 길벗쌤이 날 딱 보더니 엉뚱한 생각을 많이 할 것 같다고

'뚱'이란 이름을 지어 줬어. (뚱뚱해서 지은 거 아니야! 화났뚱) 나는 이 책에 가끔 나와.

새싹뚱, 글자뚱, 읽는뚱, 쓰는뚱, 생각뚱, 탐구뚱, 박사뚱, 말뚱, 놀뚱, 쉴뚱! (똥 아니야! 잘 봐~)

너희들 읽기도 쓰기도 하는 둥 마는 둥 할까 봐 내가 아주 걱정이 많아. 그래서 살짝뚱 도와줄 거야.

같이 해 보자고!! 뚱뚱~~

초등 문해력, 쓰기로 완성한다!

기적의 독서 논술

길벗스쿨

기적의 독서 논술 10권 초등5학년

초판 1쇄 발행 2020년 2월 2일
개정 1쇄 발행 2024년 4월 11일

지은이 기적학습연구소
발행인 이종원
발행처 길벗스쿨
출판사 등록일 2006년 6월 16일
주소 서울시 마포구 월드컵로 10길 56(서교동 467-9)
대표 전화 02)332-0931 | **팩스** 02)323-0586
홈페이지 www.gilbutschool.co.kr | **이메일** gilbut@gilbut.co.kr

기획 신경아(skalion@gilbut.co.kr) | **책임 편집** 박은숙, 유명희, 이은정
제작 이준호, 손일순, 이진혁 | **영업마케팅** 문세연, 박선경, 박다슬 | **웹마케팅** 박달님, 이재윤, 나혜연
영업관리 김명자, 정경화 | **독자지원** 윤정아

디자인 디자인비따 | **전산편집** 디그린, 린 기획
편집 진행 이은정 | **교정 교열** 백영주
표지 일러스트 이승정 | **본문 일러스트** 이주연, 루인, 조수희, 백정석, 김지아
CTP출력 및 인쇄 교보피앤비 | **제본** 경문제책

ISBN 979-11-6406-688-9 64710
(길벗스쿨 도서번호 10948)
정가 13,000원

머리말

'읽다'라는 동사에는 명령형이 먹혀들지 않는다.
이를테면 '사랑하다'라든가 '꿈꾸다' 같은 동사처럼,
'읽다'는 명령형으로 쓰면 거부 반응을 일으키는 것이다. 물론 줄기차게 시도해 볼 수는 있다.
"사랑해라!", "꿈을 가져라."라든가, "책 좀 읽어라, 제발!", "너, 이 자식, 책 읽으라고 했잖아!"라고.
효과는? 전혀 없다.

-『다니엘 페나크, 〈소설처럼〉 중에서』

이 책을 기획하면서 읽었던 많은 독서 교육 관련 책 중에 가장 기억에 남는 구절이었습니다. 볼거리와 놀거리가 차고 넘치는 세상에서 아이들에게 그럼에도 불구하고 '독서가 답이야.'라고 말해 주고 싶어서 이 책을 기획했습니다. 그래서 어떻게 하면 '독서(읽다)와 논술(쓰다)'이라는 말이 명령형처럼 들리지 않을까 고민했습니다. '혼자서도 할 수 있어.'에서 '같이 해 보자.'로 방법을 바꿔 제안합니다.

독서도 연산처럼 훈련이 필요한 학습입니다. 글자를 뗀 이후부터 혼자서 책을 척척 찾아 읽고, 독서 감상문도 줄줄 잘 쓰는 친구가 있을까요? 처음에는 쉽지 않습니다. 초보 독서에서 벗어나 능숙한 독서가로 성장하기 위해서는 무릎 학교 선생님(부모님)의 도움이 필요합니다. 가랑비에 옷 젖듯, 매일 조금씩 천천히 함께 책 읽는 시간을 가져 보세요. 그리고 읽은 것에 대해 이런저런 대화를 나누어 보세요. 함께 책을 읽는 연습이 되어야 생각하는 힘이 생기고, 자기 생각을 표현하는 방법도 깨우치게 됩니다.

아이가 잘 읽고 있다고 생각할 수 있지만, 내용을 금방 파악하기 어려울 수 있습니다. 이럴 때 부모님께서 함께 글의 내용을 떠올려 봐 주시고, 생각의 물꼬를 터 주신다면 아이들은 쉽게 글 속으로 빠져들게 될 것입니다.

생각을 표현하는 것 또한 녹록지 않을 수 있습니다. 처음부터 완벽한 문장으로 쓰기를 기대하지 마세요. 읽는 것만큼 쓰는 것도 자주 해 봐야 늡니다. 쓰기를 특히 어려워한다면 말로 표현해 보라고 먼저 권유해 주세요. 한 주에 한 편씩 읽고 쓰고 대화하는 동안에 공감 능력과 이해력이 생기고, 생각하고 표현하는 능력이 향상될 것입니다.

초등 공부는 읽기로 시작해서 쓰기로 완성됩니다. 지금 이 책이 그 효과적인 독서 교육 방법을 제안합니다. 이 책을 선택하신 무릎 학교 선생님, 우리 아이에게 딱 맞는 독서 교육가가 되어 주십시오. 아이와 함께 할 때 효과는 배가 될 것입니다.

2020. 2
기적학습연구소 일동

어떤 책인가요?

〈기적의 독서 논술〉은 매주 한 편씩 깊이 있게 글을 읽고 생각을 쓰면서 사고력을 키우는 초등 학년별 독서 논술 프로그램입니다.

눈에만 담는 독서에서 벗어나, 읽고 떠오르는 생각과 감정을 밖으로 표현해 보세요. 매주 새로운 글을 통해 생각 훈련을 하다 보면, 어휘력과 독해력은 물론 표현력까지 기를 수 있습니다. 예비 초등을 시작으로 학년별 2권씩, 총 14권으로 구성되어 있습니다.

* 초등 고학년(5~6학년)을 대상으로 한 〈기적의 역사 논술〉도 함께 출시되어 있습니다. 〈기적의 역사 논술〉은 매주 한 편씩 한국사 스토리를 통해 역사적 맥락을 이해하고, 그 의미를 파악하며 생각을 써 보는 통합 사고력 프로그램입니다.

1 학년(연령)별 구성

학년별 2권 구성

한 학기에 한 권씩 독서 논술을 테마로 학습 계획을 짜 보는 것은 어떨까요?

독서 프로그램 차등 설계

읽기 역량을 고려하여 본문의 구성도 차등 적용하였습니다.

예비 초등과 초등 1학년은 짧은 글을 중심으로 장면별로 끊어 읽는 독서법을 채택하였습니다. 초등 2~4학년은 한 편의 글을 앞뒤로 나누어 읽도록 하였고, 초등 5~6학년은 한 편의 글을 끊지 않고 쭉 이어서 읽도록 하였습니다. 글을 읽은 뒤에는 글의 내용을 확인 정리하면서 생각을 펼칠 수 있도록 설계하였습니다.

선택 팁 단계별(학년별)로 읽기 분량이나 서술·논술형 문제에 난이도 차가 있습니다. 아이 학년에 맞게 책을 선택하시되 첫 주의 내용을 보시고 너무 어렵겠다 싶으시면 전 단계를, 이 정도면 수월하겠다 싶으시면 다음 권을 선택하셔서 학습하시길 추천드립니다.

2 읽기 역량을 고려한 다채로운 읽기물 선정 (커리큘럼 소개)

권	주	읽기물	주제	장르	비고	특강
3	1	당신이 하는 일은 모두 옳아요	믿음	명작 동화	인문, 사회	부탁하는 글 편지
	2	바깥 활동 안전 수첩	안전 수칙	설명문	사회, 안전	
	3	이르기 대장 나최고	이해, 나쁜 습관	창작 동화	인문, 사회	
	4	우리 땅 곤충 관찰기	여름에 만나는 곤충	관찰 기록문	과학, 기술	
4	1	고제는 알고 있다	친구 이해	창작 동화	인문, 사회	책을 소개하는 글 관찰 기록문
	2	여성을 위한 변호사 이태영	위인, 남녀평등	전기문	사회, 문화	
	3	염색약이냐 연필깎이냐, 그것이 문제로다!	현명한 선택	경제 동화	사회, 경제	
	4	내 직업은 직업 발명가	직업 선택	지식 동화	사회, 기술	
5	1	지하 정원	성실함, 선행	창작 동화	사회, 철학	독서 감상문 제안하는 글
	2	내 친구가 사는 곳이 궁금해	대도시와 마을	지식 동화	사회, 지리	
	3	팥죽 호랑이와 일곱 녀석	배려와 공감	반전 동화	인문, 사회	
	4	수다쟁이 피피의 요란한 바다 여행	환경 보호, 미세 플라스틱 문제	지식 동화	과학, 환경	
6	1	여행	여행, 체험	동시	인문, 문화	설명문 시
	2	마녀의 빵	적절한 상황 판단	명작 동화	인문, 사회	
	3	숨바꼭질	자존감	창작 동화	사회, 문화	
	4	한반도의 동물을 구하라!	한반도의 멸종 동물들	설명문	과학, 환경	
7	1	작은 총알 하나	전쟁 반대, 평화	창작 동화	인문, 평화	기행문 논설문
	2	백제의 숨결, 무령왕릉	문화 유산 답사	기행문	역사, 문화	
	3	돌멩이 수프	공동체, 나눔	명작 동화	사회, 문화	
	4	우리 교실에 벼가 자라요	식물의 한살이	지식 동화	과학, 기술	
8	1	헬로! 두떡 마켓	북한 주민 정착	창작 동화	사회, 문화	기사문 연설문
	2	2005 스탠퍼드대학교 졸업식 연설문	끊임없는 도전 정신	연설문	과학, 기술	
	3	피부색으로 차별받지 않는 무지개 나라	편견과 차별	지식 동화	문화, 역사	
	4	양반전	위선과 무능 풍자	고전 소설	사회, 문화	
9	1	욕심꾸러기 거인	나눔과 베풂	명작 동화	인문, 사회	주제별 글쓰기
	2	구둣방 아저씨 외	작은 것에도 감사하는 마음	수필	사회, 기술	
	3	행복의 꽃	행복에 대한 고찰	소설	사회, 철학	
	4	세상에 이런 한자가	재미있는 한자	설명문	언어, 사회	
10	1	발명 이야기	라면과 밴드 반창고의 발명 과정	설명문	과학, 기술	주제별 글쓰기
	2	아버지의 생일 외	효심	수필	사회, 문화	
	3	임금님께 바치는 북학의	수레와 거름에 대한 생각	논설문	경제, 환경	
	4	어린이 찬미	어린이의 아름다움	수필	인문, 철학	
11	1	크리스마스 선물	진정한 사랑, 행복의 조건	소설	인문, 사회	주제별 글쓰기
	2	아는 것과 실천하는 것 외	정의, 희생, 인간 사랑	논설문	사회, 철학	
	3	사람을 대할 때 외	사람을 대하는 예절	논설문	사회, 문화	
	4	하늘에서 내려온 아이 외	생명 존중	수필	인문, 철학	
12	1	게으름 귀신을 보내는 글 외	게으름에 대한 고찰	고전 수필	철학, 문화	주제별 글쓰기
	2	모나리자	「모나리자」	설명문	예술, 과학	
	3	갓	갓에 대한 고찰	고전 수필	사회, 역사	
	4	동백꽃	산골 젊은 남녀의 순수한 사랑	소설	인문, 사회	

3 어휘력 + 독해력 + 표현력을 한번에 잡는 3단계 독서 프로그램

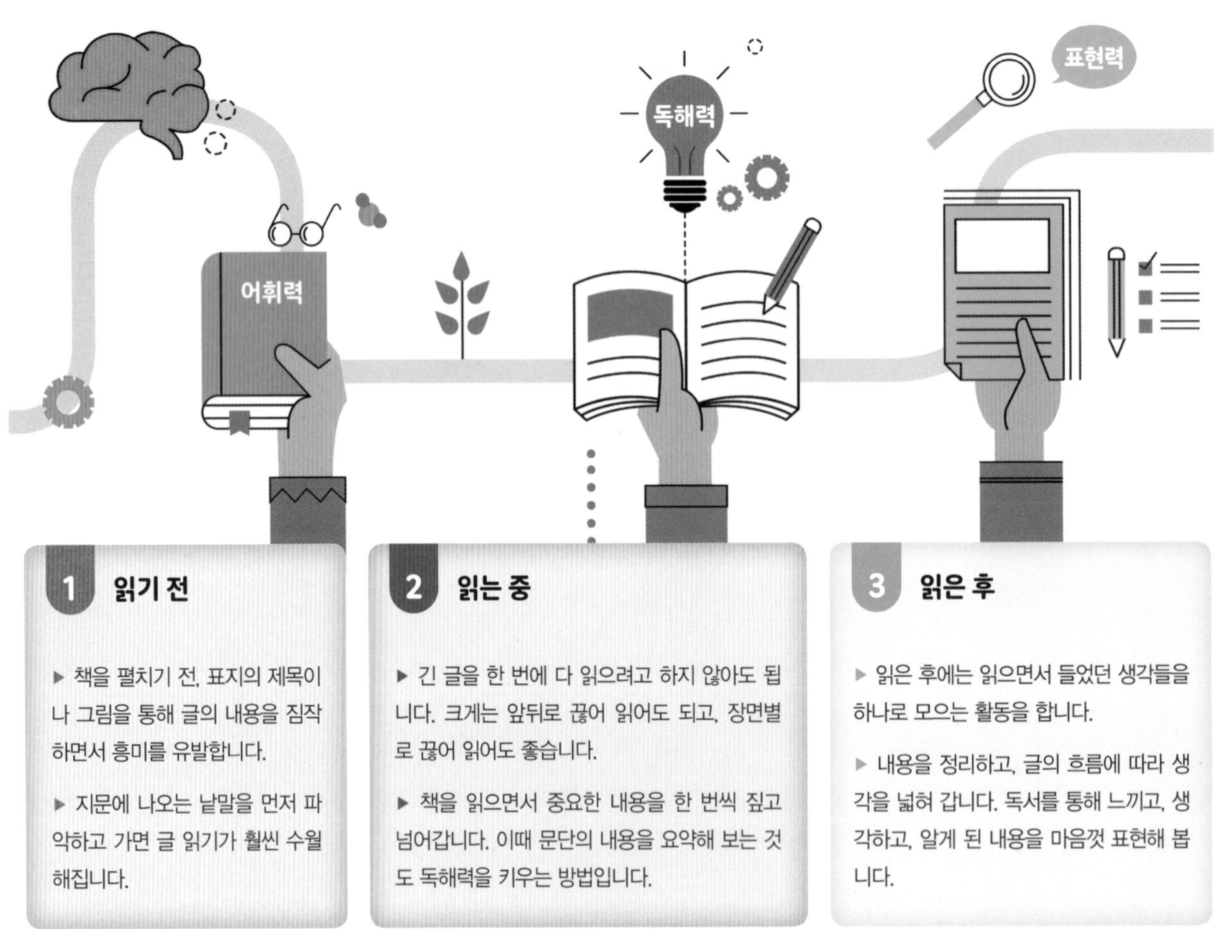

1 읽기 전

▶ 책을 펼치기 전, 표지의 제목이나 그림을 통해 글의 내용을 짐작하면서 흥미를 유발합니다.

▶ 지문에 나오는 낱말을 먼저 파악하고 가면 글 읽기가 훨씬 수월해집니다.

2 읽는 중

▶ 긴 글을 한 번에 다 읽으려고 하지 않아도 됩니다. 크게는 앞뒤로 끊어 읽어도 되고, 장면별로 끊어 읽어도 좋습니다.

▶ 책을 읽으면서 중요한 내용을 한 번씩 짚고 넘어갑니다. 이때 문단의 내용을 요약해 보는 것도 독해력을 키우는 방법입니다.

3 읽은 후

▶ 읽은 후에는 읽으면서 들었던 생각들을 하나로 모으는 활동을 합니다.

▶ 내용을 정리하고, 글의 흐름에 따라 생각을 넓혀 갑니다. 독서를 통해 느끼고, 생각하고, 알게 된 내용을 마음껏 표현해 봅니다.

예비 초등～1학년의 독서법

읽기 능력을 살리는 '장면별 끊어 읽기'

창작/전래/이솝 우화 등 짧지만 아이들의 감성을 자극하고 공감을 끌어낼 수 있는 이야기글을 수록하였습니다. 어린 연령일수록 읽기에 대한 거부감을 줄이고, 독서에 대한 재미를 더합니다.

2학년 이상의 독서법

사고력과 비판력을 키우는 '깊이 읽기'

동화뿐 아니라 시, 전기문, 기행문, 설명문, 연설문, 고전 등 다양한 갈래를 다루고 있습니다. 읽기 능력 신장을 위해 저학년에 비해 긴 글을 앞뒤로 나누어 읽거나 끊지 않고 한 번에 쭉 이어서 읽어 봅니다. 흥미로운 주제와 시공간을 넘나드는 폭넓은 소재로 아이들의 생각을 펼칠 수 있게 하였습니다.

4 사고력 확장을 위한 서술·논술형 문제 출제

초등학생에게 논술은 '생각 쓰기 연습'에 해당합니다.

교육 평가 과정이 객관식에서 주관식 평가로 점차 변화하고 있습니다. 학교에서는 지필고사를 대신한 수행평가가 수시로 이루어지고 있습니다. 정오답을 찾는 단선적인 객관식보다 사고력을 평가할 수 있는 주관식의 비율이 높아지고, 국어뿐 아니라 수학, 사회, 과학 등 서술형 평가가 확대되고 있습니다. 이런 평가를 대비하여 글을 읽고, 생각을 표현하는 방법을 다각도로 훈련할 수 있도록 구성하였습니다.

이 책에서 출제된 서술·논술형 문제 유형은 다음과 같습니다.

"만약에 나라면 어떻게 했을지 쓰세요." 균형, 비판

"왜 그런 행동(말)을 했을지 쓰세요." 공감, 논리

"다음과 같은 상황에 처했을 때 주인공은 어떻게 했을지 쓰세요." 창의, 비판

"등장인물에게 나는 어떤 말을 해 주고 싶은지 쓰세요." 공감, 균형

"A와 B의 비슷한(다른) 점은 무엇인지 쓰세요." 논리, 비판

글을 읽을 때 생각이 자라지만, 생각한 바를 표현할 때에도 사고력은 더 확장됩니다. 꼼꼼하게 읽고, 중간중간 내용을 확인한 후에 전체적으로 읽은 내용을 정리해 봄으로써 생각을 다듬고 넓혀 갈 수 있습니다. 한 편의 글을 통해 주인공의 입장이 되어 보기도 하고, '나라면 어땠을까?'를 생각해 보는 연습이 논술에 해당합니다. 하나의 주제를 담고 있는 글을 읽고 내용의 옳고 그름을 판단하기도 하고, 글의 전체적인 맥락을 파악함으로써 논리적이고 비판적인 사고를 할 수 있습니다.

지도팁 장문의 글을 써야 하는 논술 문제는 없지만, 자신의 생각을 마음껏 표현할 수 있게 유도해 주세요. 글로 바로 쓰는 게 어렵다면 말로 표현해 볼 수 있도록 지도해 주시기 바랍니다. 말로 표현한 것을 문장으로 다듬어 쓰다 보면, 생각한 것이 어느 정도 정리됩니다. 여러 번 연습한 후에 논리가 생기고, 표현력 또한 자라게 될 것입니다. 다소 엉뚱한 대답일지라도 나름의 논리와 생각의 과정이 건강하다면 칭찬을 아끼지 마십시오.

이렇게 활용하면 좋아요!

5학년을 위한 9권 / 10권

5학년이면 이제 글줄이 많은 글을 끊지 않고 읽을 수 있어야 합니다. 이야기책뿐만 아니라 다양한 정보를 제공하고 다양한 생각을 할 수 있게 하는 비문학 글을 많이 읽는 것이 좋습니다.

관심 있는 주제의 이야기를 읽은 후에는 관련 도서를 더 찾아보는 것을 추천합니다.

공부 계획 세우기

13쪽

권별 전체 학습 계획

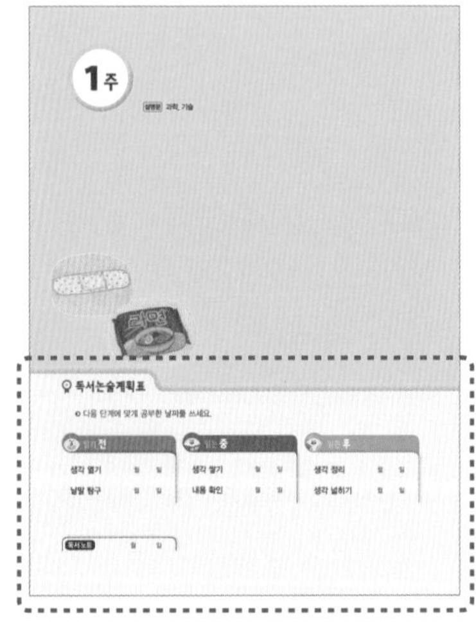

주차 학습 시작 페이지

주별 학습 확인

한 주에 한 편씩, 5일차 학습 설계

학습자의 읽기 역량에 따라 하루에 1~2일차를 이어서 할 수도 있고, 1일차씩 끊어서 학습할 수도 있습니다. 계획한 대로 학습이 이루어졌는지 자기 점검을 꼭 해 보세요.

학년별 특강 [주제별 글쓰기]

일상생활에서 한 번쯤 생각해 봐야 하는 주제나 철학적인 질문을 제시합니다.
주어진 주제와 관련된 몇 가지 자료를 읽어 보고, 중요한 내용을 요약 · 정리해 봅니다.
마지막으로 주제에 관한 나의 생각을 정하여 한 편의 글을 완성함으로써 논리력과 글쓰기 실력을 강화할 수 있습니다.

지도팁 쓰기에 취약한 친구들은 단계적으로 순서를 밟아 쓸 수 있도록 해 주세요.

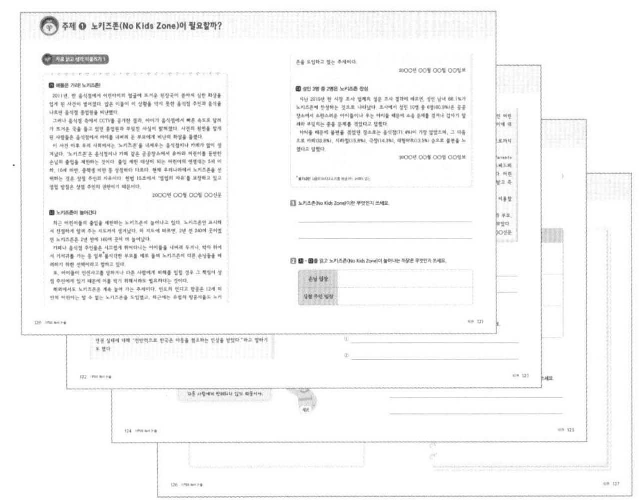

온라인 제공 [독서 노트]

길벗스쿨 홈페이지(www.gilbutschool.co.kr) 자료실에서 독서 노트를 내려받아 활용할 수 있습니다. 책을 읽고 느낀 점이나 인상 깊었던 점을 간략하게 쓰거나 그리고, 재미있었는지도 스스로 평가해 봅니다. 이 책에 제시된 글뿐만 아니라 추가로 읽은 책에 대한 독서 기록을 남길 수도 있습니다.

▶ 길벗스쿨 홈페이지
독서 노트 내려받기

매일 조금씩 책 읽는 습관이
아이의 사고력을 키웁니다.

3단계 독서 프로그램

① 읽기 전

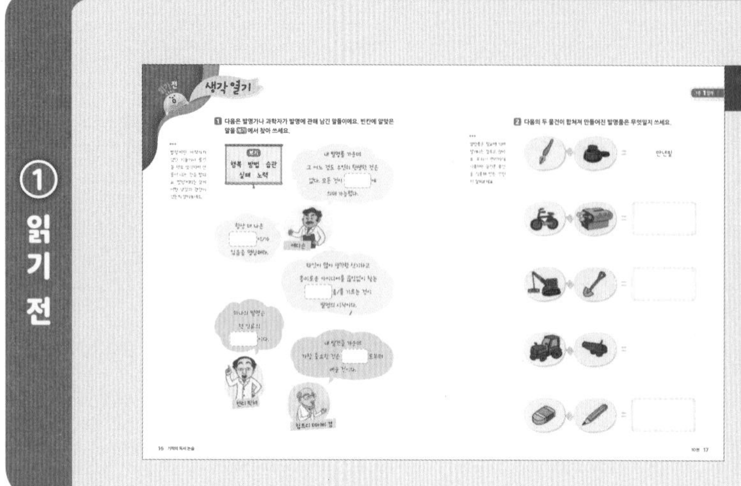

1주 1일차

생각 열기

읽게 될 글의 그림이나 제목과 관련지어서 내용을 미리 짐작해 본다거나 배경지식을 떠올리면서 읽는 목적을 분명히 하는 활동입니다.

② 읽는 중

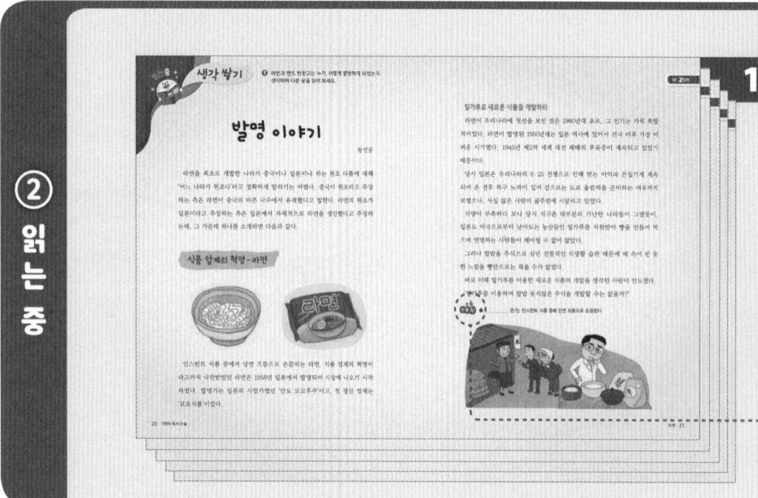

1주 2일차

생각 쌓기

학습자의 읽기 역량에 따라 긴 글을 전후로 크게 나누어 읽거나 끊지 않고 쭉 이어서 읽어 봅니다.

한줄 톡! 은 읽은 글의 내용을 한 문장으로 요약해 보는 활동입니다.

③ 읽은 후

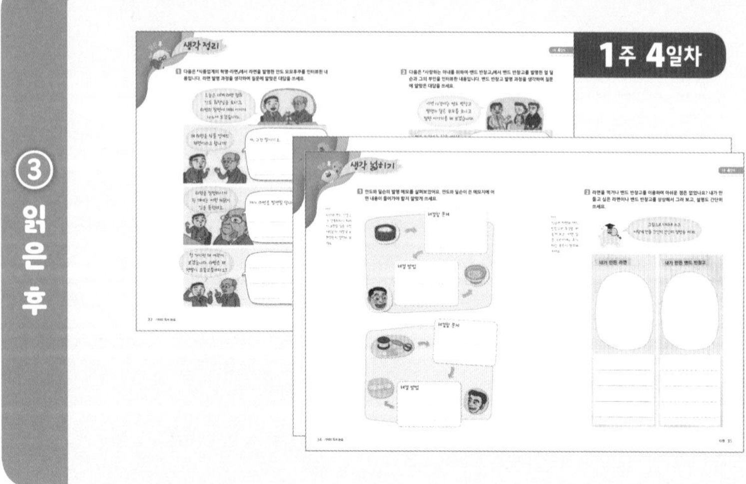

1주 4일차

생각 정리

글의 내용을 한눈에 정리해 보는 활동입니다. 장면을 이야기의 흐름대로 정리해 볼 수도 있고, 주요 내용을 채워서 이야기의 흐름을 완성할 수도 있습니다.

생각 넓히기

다양한 사고력을 필요로 하는 서술·논술형 문제들입니다. 글을 읽고 생각한 바를 다양한 방법으로 표현해 볼 수 있습니다.

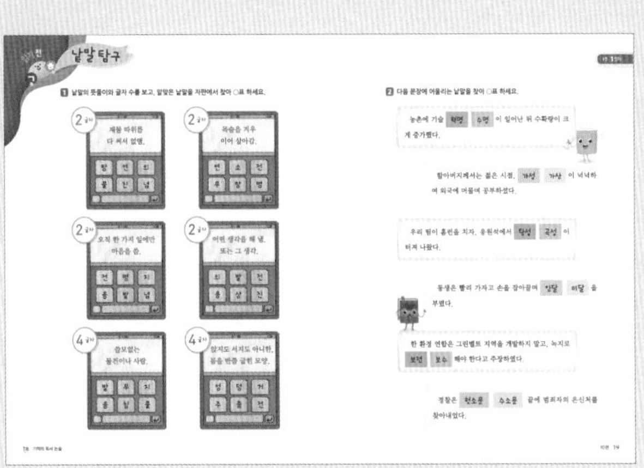

어휘력 쑥쑥!

낱말 탐구

글에 나오는 주요 어휘를 미리 공부하면서 읽기를 조금 더 수월하게 이끌어 갑니다. 뜻을 모를 때에는 가이드북을 참고하세요.

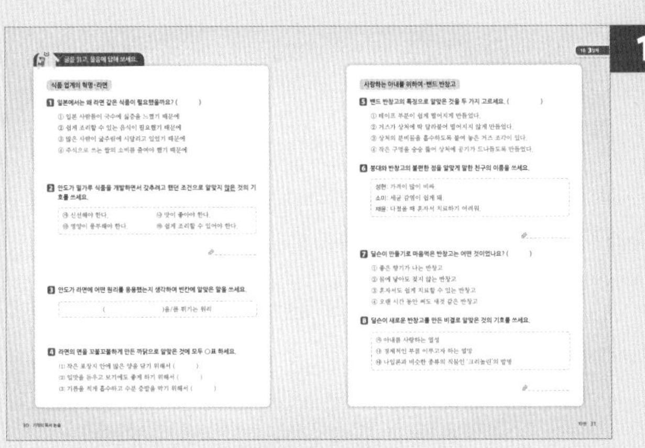

1주 3일차

독해력 척척!

내용 확인 (독해)

가장 핵심적인 독해 문제만 실었습니다. 글을 꼼꼼하게 읽었는지 확인할 수 있습니다.

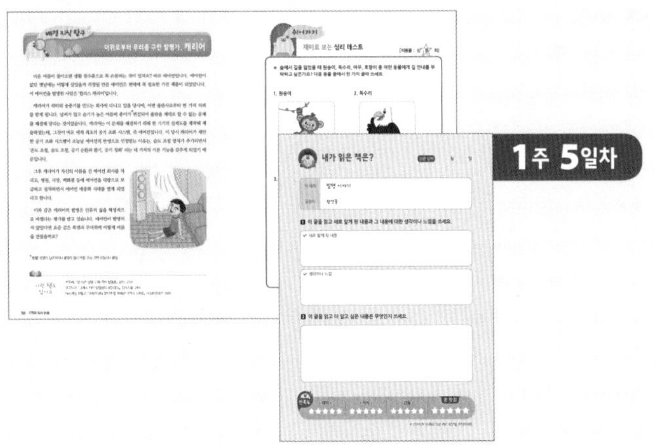

1주 5일차

표현력 뿜뿜!

배경지식 탐구 / 쉬어가기

읽은 글의 내용과 관련된 배경지식을 담았습니다. 주제와 연관된 추천 도서도 살펴볼 수 있습니다. 잠깐 쉬면서 머리를 식히는 코너도 마련했습니다.

독서 노트

읽은 책에 대한 감상평을 남겨 보세요. 별점을 매기며 종합적으로 평가해 보는 것도 좋습니다.

차례 보고 만드는 독서 다이어리

차례

* 한 주에 한 편씩 계획을 세워 독서 다이어리를 완성해 보세요.

주차별	읽기 전	읽는 중		읽은 후	
글의 제목	생각 열기 낱말 탐구	생각 쌓기 내용 확인		생각 정리 생각 넓히기	독서 노트
예 ○주 글의 제목을 쓰세요.	3/3 낱말이 어렵다 ㅠ-ㅠ	3/5	3/6 문제 다 맞음!	3/7	/
	/	/	/	/	/
	/	/	/	/	/
	/	/	/	/	/
	/	/	/	/	/

특강 **주제별 글쓰기**

	자료 읽고 생각 떠올리기	다양한 의견 알아보기	주제에 맞게 글 쓰기
주제 1	/		/
주제 2	/		/

1주

설명문 과학, 기술

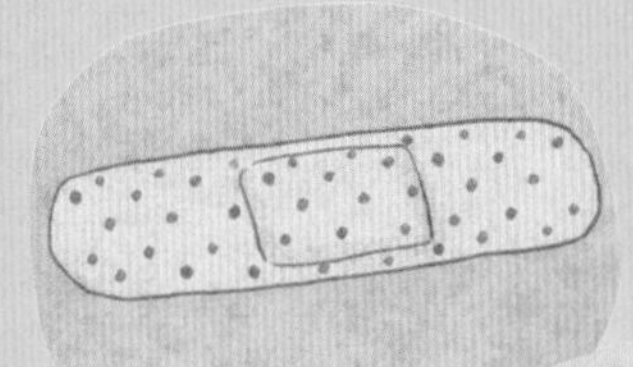

독서논술계획표

다음 단계에 맞게 공부한 날짜를 쓰세요.

읽기 전			읽는 중			읽은 후		
생각 열기	월	일	생각 쌓기	월	일	생각 정리	월	일
낱말 탐구	월	일	내용 확인	월	일	생각 넓히기	월	일

독서노트	월	일

발명 이야기

왕연중

읽기 전

생각 열기

1 다음은 발명가나 과학자가 발명에 관해 남긴 말들이에요. 빈칸에 알맞은 말을 보기 에서 찾아 쓰세요.

•••

발명이란 아직까지 없던 기술이나 물건을 새로 생각하여 만들어 내는 것을 말해요. '발명'이라는 말이 어떤 낱말과 관련이 있는지 알아보세요.

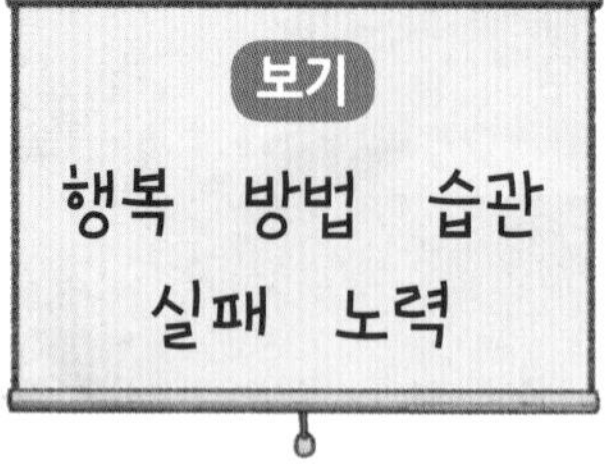

내 발명품 가운데 그 어느 것도 우연히 탄생한 것은 없다. 모든 것이 [　　　] 에 의해 가능했다.

항상 더 나은 [　　　] 이/가 있음을 명심해라.

타인이 많이 생각한 신기하고 흥미로운 아이디어를 끊임없이 찾는 [　　　] 을/를 기르는 것이 발명의 시작이다.

하나의 발명은 전 인류의 [　　　] 이다.

내 발견들 가운데 가장 중요한 것은 [　　　] (으)로부터 배운 것이다.

2 다음의 두 물건이 합쳐져 만들어진 발명품은 무엇일지 쓰세요.

•••

발명품은 필요에 의해 생겨나는 경우도 많아요. 우리가 편리하게 사용하는 물건은 무엇을 적용해 만든 것인지 살펴보세요.

만년필

읽기 전

낱말 탐구

1 낱말의 뜻풀이와 글자 수를 보고, 알맞은 낱말을 자판에서 찾아 ○표 하세요.

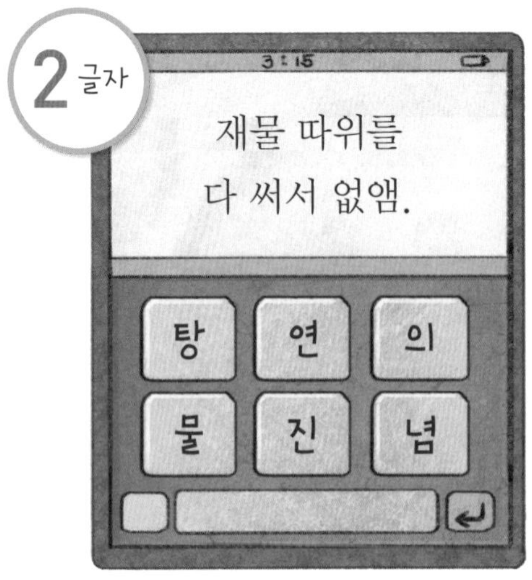

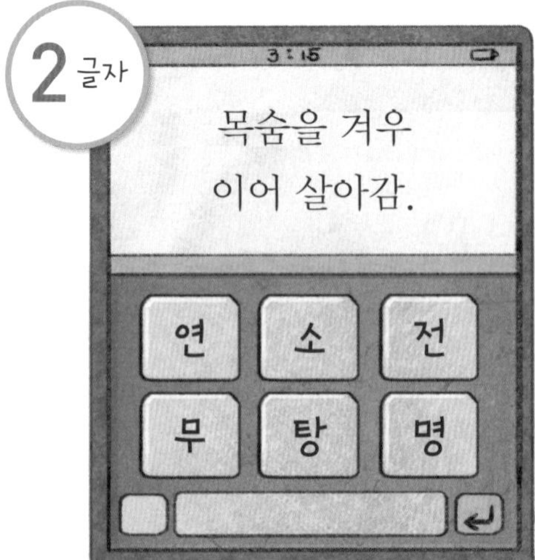

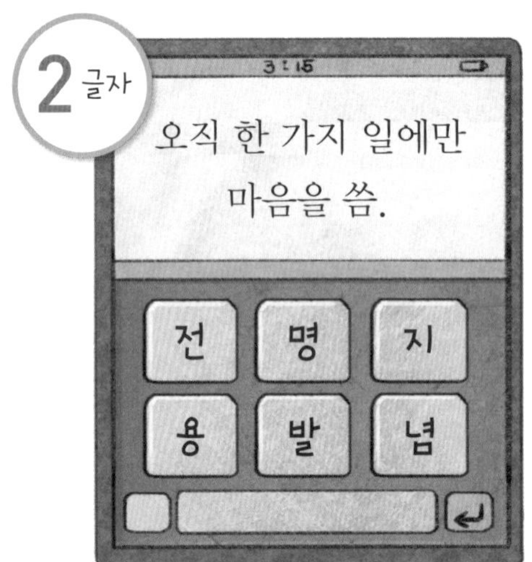

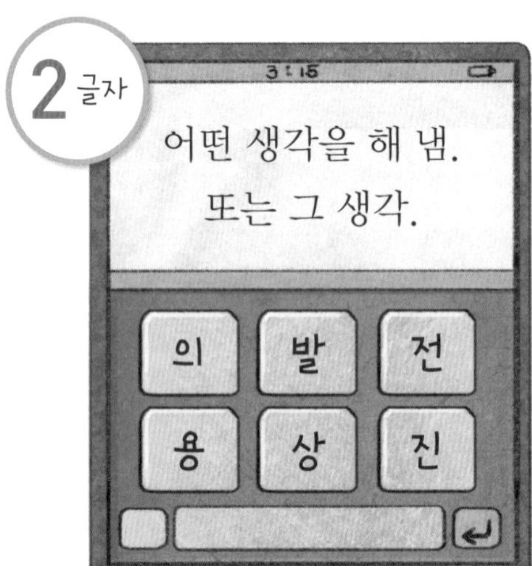

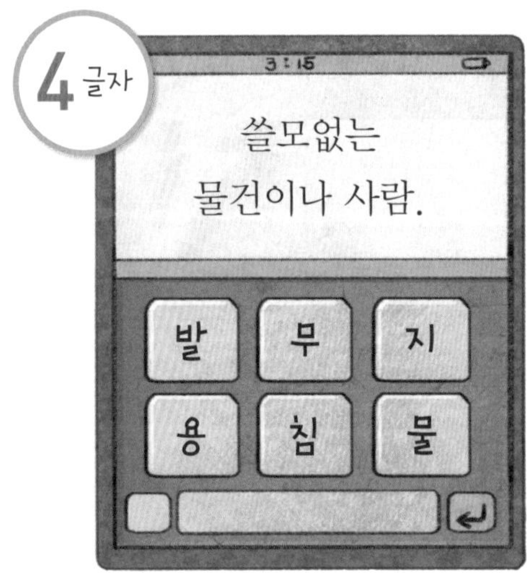

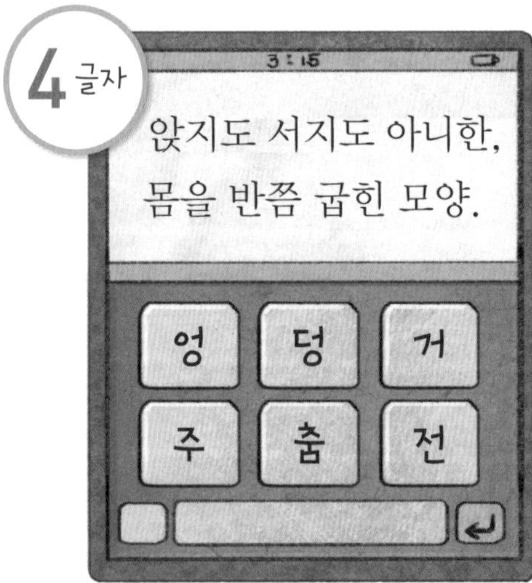

2 다음 문장에 어울리는 낱말을 찾아 ○표 하세요.

농촌에 기술 [혁명] [수명] 이 일어난 뒤 수확량이 크게 증가했다.

할아버지께서는 젊은 시절, [가성] [가산] 이 넉넉하여 외국에 머물며 공부하셨다.

우리 팀이 홈런을 치자, 응원석에서 [탄성] [곡성] 이 터져 나왔다.

동생은 빨리 가자고 손을 잡아끌며 [안달] [미달] 을 부렸다.

한 환경 연합은 그린벨트 지역을 개발하지 말고, 녹지로 [보전] [보수] 해야 한다고 주장하였다.

경찰은 [헛소문] [수소문] 끝에 범죄자의 은신처를 찾아내었다.

읽는 중

생각 쌓기

라면과 밴드 반창고는 누가, 어떻게 발명하게 되었는지 생각하며 다음 글을 읽어 보세요.

발명 이야기

왕연중

라면을 최초로 개발한 나라가 중국이냐 일본이냐 하는 원조 다툼에 대해 '어느 나라가 원조다'라고 정확하게 말하기는 어렵다. 중국이 원조라고 주장하는 측은 라면이 중국의 마른 국수에서 유래했다고 말한다. 라면의 원조가 일본이라고 주장하는 측은 일본에서 자체적으로 라면을 생산했다고 주장하는데, 그 가운데 하나를 소개하면 다음과 같다.

식품 업계의 혁명 – 라면

인스턴트 식품 중에서 당연 으뜸으로 손꼽히는 라면. 식품 업계의 혁명이라고까지 극찬받았던 라면은 1958년 일본에서 발명되어 시장에 나오기 시작하였다. 발명가는 일본의 사업가였던 '안도 모모후쿠'이고, 첫 생산 업체는 '묘조식품'이었다.

밀가루로 새로운 식품을 개발하라

라면이 우리나라에 첫선을 보인 것은 1960년대 초로, 그 인기는 가히 폭발적이었다. 라면이 발명된 1950년대는 일본 역사에 있어서 건국 이후 가장 어려운 시기였다. 1945년 제2차 세계 대전 패배의 후유증이 계속되고 있었기 때문이다.

당시 일본은 우리나라의 6·25 전쟁으로 인해 얻는 이익과 끈질기게 계속되어 온 전후 복구 노력이 있어 겉으로는 도쿄 올림픽을 준비하는 여유까지 보였으나, 사실 많은 사람이 굶주림에 시달리고 있었다.

식량이 부족하다 보니 당시 지구촌 대부분의 가난한 나라들이 그랬듯이, 일본도 미국으로부터 남아도는 농산물인 밀가루를 지원받아 빵을 만들어 먹으며 연명하는 사람들이 헤아릴 수 없이 많았다.

그러나 쌀밥을 주식으로 삼던 전통적인 식생활 습관 때문에 배 속이 빈 듯한 느낌을 빵만으로는 채울 수가 없었다.

바로 이때 밀가루를 이용한 새로운 식품의 개발을 생각한 사람이 안도였다.

'밀가루를 이용하여 쌀밥 못지않은 주식을 개발할 수는 없을까?'

❶ ________ 은/는 인스턴트 식품 중에 단연 으뜸으로 손꼽힌다.

하지만 생각처럼 쉬운 일은 아니었다. 당시만 해도 밀가루로는 부침, 빵, 국수밖에 만들 줄 몰랐고, 밀가루의 새로운 용도에 대해서는 누구도 생각하지 못하고 있었기 때문이다. 안도는 자신도 모르는 사이에 새로운 밀가루 식품 개발에 빠져들고 있었다.

"영양이 풍부하고, 맛이 좋고, 보관성이 우수하면서 누구나 손쉽게 조리해서 먹을 수 있는 식품이 필요해!"

안도는 모든 일을 뒤로 미루고 오직 밀가루에만 파묻혀 살았다. 한 달 그리고 두 달……. 세월은 흘러갔고, 끈질긴 연구에도 불구하고 결과는 언제나 실패뿐이었다.

튀김을 튀기는 원리 적용

몇 년이 지났다. 그동안 쏟아부은 연구비 때문에 가산은 탕진했고, 거듭되는 실패에 의지를 잃고 만 안도는 자살 직전의 상황에 몰려 있었다.

매사에 의욕을 잃은 안도가 찾는 곳은 오로지 술집. 그처럼 매일같이 술에 취해 살다 보니 어느새 폐인이 되어 가고 있었다.

그러던 어느 날이었다. 그날도 그는 어김없이 술집을 찾았다. 술집 주인은 안도가 귀찮다는 듯 등을 돌리고 서서 튀김 반죽을 기름에 튀기고 있었다.

순간, 안도의 눈이 반짝 빛나며 입에서 탄성이 터져 나왔다.

"바로 저거야!"

안도의 탄성에 놀란 술집 주인은 안타까운 표정으로 그를 바라보며 혼잣말로 중얼거렸다.

"결국은 미쳐 버렸군. 안됐어. 저만큼 쓸 만한 사람도 흔치 않았는데……."

안도는 그의 말에 아랑곳하지 않고 술집 주인의 조리 모습을 지켜보았다.

끓는 기름에 밀가루 반죽으로 된 튀김을 넣는 순간 밀가루 속에 있던 수분이 순간적으로 빠져나오고, 다 튀긴 튀김에는 작은 구멍이 무수하게 생기는 것을 관찰한 것이었다.

"됐어! 튀김을 튀기는 원리를 응용하는 거야!"

안도는 서둘러 연구실로 향했다. 어지럽게 흩어진 기구들을 대충 정리해 서둘러 실험 준비를 마쳤다. 우선 밀가루를 국수로 만들어서 기름에 튀겨 보았다. 성공이었다. 국수 속의 수분이 증발되고 국수가 익으면서 속에 작은 구멍이 무수히 생기는 것이었다. 또 이것을 건조시켰다가 뜨거운 물을 부으니 이번에는 무수히 많은 작은 구멍에 물이 들어가면서 먹음직스런 국수가 되는 것이었다. 게다가 며칠씩이나 보관해도 상하지 않았다.

안도는 영양이 풍부하고 맛도 좋고, ❷ ______________ 이/가 우수한 밀가루 식품을 개발하려고 노력했다.

드디어 라면 개발에 성공을 한 것이다. 이로써 안도는 사업가로서의 ✦명성을 되찾으며, '라면 발명가'라는 명예도 거머쥐게 되었다.

라면이 꼬불꼬불한 이유

이렇게 개발된 라면은 다른 국수와 달리 면이 꼬불꼬불하다. 그 이유는 한정된 부피를 지닌 작은 포장지 안에 많은 양을 담으려 했기 때문이다. 즉, 직선보다 곡선 모양으로 되어 있을 때 더 많은 양을 담을 수 있다는 원리를 응용한 것이다. 또 지방 등의 영양가도 높이면서 유통 과정에서의 보존 기간을 늘리려면, 튀길 때 짧은 시간에 많은 기름을 흡수해야 했다. 이때 수분 증발이 잘되려면 공간이 필요한데, 그것을 위해서도 직선보다는 곡선형이 좋기 때문이기도 하다.

또한 상품 가치로 보더라도 직선보다는 꼬불꼬불한 곡선형이 입맛도 돋우고 보기에도 좋기 때문이다. 보기 좋은 떡이 먹기도 좋다는 것과 같은 이치인 것이다. 이렇게 탄생한 라면은 그동안 수많은 변화를 거쳐 오늘에 이르고 있다.

라면은 다른 국수와는 달리 면이 ❸ ....

✦**명성:** 세상에 널리 퍼져 평판 높은 이름.

사랑하는 아내를 위하여 - 밴드 반창고

가끔은 문득, 아주 작은 것들에 새삼 놀라게 된다. 바쁜 생활에 쫓기는 탓에 잊고 있었던 것들이 새삼 눈에 들어오기 때문일까?

갑작스레 "맞아, 이런 것도 있었구나!" 또는 "이것이 이토록 편리한 물건이었구나!" 하고 감탄을 하게 되는 것이다.

평소에 있는 듯 없는 듯 잊고 있었던 물건의 존재감이 느껴질 때면, 여러 가지 의문이 고개를 따라 든다.

'누가 만들었을까? 어떻게 만들었을까?'

작은 상처가 나면 으레 찾는 밴드 반창고도 유심히 살펴보고 있노라면 호기심이 발동한다.

작은 구멍을 숭숭 뚫어 상처에 공기가 드나들도록 배려한 점이며, 상처의 분비물을 흡수하도록 붙여 놓은 거즈 조각이며, 어느 것 하나 버릴 것이 없다. ✦앙증스럽기 짝이 없는 이 물건의 신통함을 왜 그동안 까맣게 모르고 있었나 하는 생각도 든다. 아마도 너무나 친숙해서 당연히 존재하는 것으로 여긴 때문이리라.

실수 많은 아내를 위한 발상

일회용 반창고의 탄생은 1900년대 초까지 거슬러 올라간다.

이제 막 신혼의 단꿈에 젖은 '얼 딜슨'에게 아내는 너무나 귀하고 사랑스런 존재였다. 딜슨은 아내의 모든 행동을 지켜보며 이것저것 도와주기를 좋아했다. 이 때문일까? 딜슨의 아내는 유난히 실수가 많았다.

✦**앙증스럽기:** 작으면서도 갖출 것은 다 갖추어 아주 깜찍한 데가 있기.

요리를 하다가도 수없이 데이고 베였다. 딜슨이 잠시만 한눈을 팔면, 아내는 금새 "아야!" 하고 작은 비명을 지르거나 손가락을 입에 물고 인상을 썼다. 사정이 이러하니 딜슨이 안달을 하지 않을 수 없었다. 걸핏하면 붕대와 반창고를 들고 나서서 치료를 하느라 소동을 피우기[✦] 일쑤였다.

다행히도 딜슨이 그 당시 외과 치료용 테이프를 제작하는 '존슨 앤드 존슨' 사에 다니고 있었기에 반창고를 사용하는 데에는 익숙했다.

하지만 그것만으로 문제가 다 해결되는 것은 아니었다. 아내가 다칠 때마다 딜슨이 항상 곁에 있으란 법은 없기 때문이었다. 그럴 때면 그녀는 피가 떨어지는 손을 싸쥐고 다른 한 손으로 엉거주춤 치료를 해야 할 것이 뻔했다.

딜슨이 아내의 상처에 유난히 신경을 쓰는 것도 바로 이 때문이었다.

"혼자서라도 쉽게 치료할 수 있다면 내가 곁에 없어도 안심이 될 텐데……."

궁리 끝에 그는 혼자서도 쉽게 치료할 수 있는 반창고를 만들기로 했다.

아무리 손놀림이 서툰 아내라도 쉽게 사용할 수 있는 반창고가 있다면 뒤늦게 자기가 해 주는 것보다 나은 치료가 되리라는 것이 그의 생각이었다.

아내를 위해 만든 반창고가 대량으로 생산

딜슨은 먼저 외과 치료용 테이프와 거즈를 이용하여 작은 조각들을 만들어 냈다. 자신이 아내의 손을 치료할 때의 경험을 살려 테이프를 일정한 크기로 자르고 그 안에 거즈를 작게 접어 가운데 부분에다 붙였다.

그 상태로 상처 부분에다 붙이기만 하면 된다는 것이 그의 아이디어였다.

딜슨은 아내를 위해 혼자서도 쉽게 치료할 수 있는 ❹ ________ 을/를 만들기로 했다.

[✦] **일쑤:** 흔히 또는 으레 그러는 일.

하지만 이것으로 문제가 해결된 것은 아니었다. 실제 생활에서 쓰자면 한 가지 문제를 해결해야 했다. 그것이 딜슨을 매우 난처하게 만들었다.

외과용 테이프의 끈적끈적한 부분을 보전할 방법이 없었던 것이다. 그대로 펼쳐 놓으면, 먼지 등 이물질이 붙기도 할 것이고 자칫하면 테이프가 말려 버려서 무용지물이 될 것이었다.

해결책은 단 하나. 테이프에 붙여 두었다가 반창고를 사용할 때 깨끗하고 안전하게 떼어 낼 수 있는 새로운 천이 있어야 했다. 그 문제만 해결된다면 거즈가 붙은 테이프를 오래 보관할 수도 있고, 사용할 때에도 간편하게 쓸 수 있을 것이었다.

오랜 수소문 끝에 딜슨이 찾아낸 것은 ✦나일론과 비슷한 종류의 직물인 '크리놀린'이었다. 표면이 매끄러워 테이프가 깨끗이 떨어지고, 빳빳하여 보전 상태도 좋았다. 결국 아내를 사랑하는 열성이 그로 하여금 새로운 치료 도구를 만들게 한 것이었다.

여하튼 그 덕분에 딜슨의 아내는 남편이 없어도 손쉽게 치료를 할 수 있게 되었고, 딜슨도 마음 놓고 직장 생활에 전념하게 되었다.

✦ **나일론:** 합성 섬유로, 가볍고 부드럽고 탄력성이 강하나 습기를 빨아들이는 힘이 약함. 의류, 어망, 낙하산, 밧줄 따위에 쓰임.

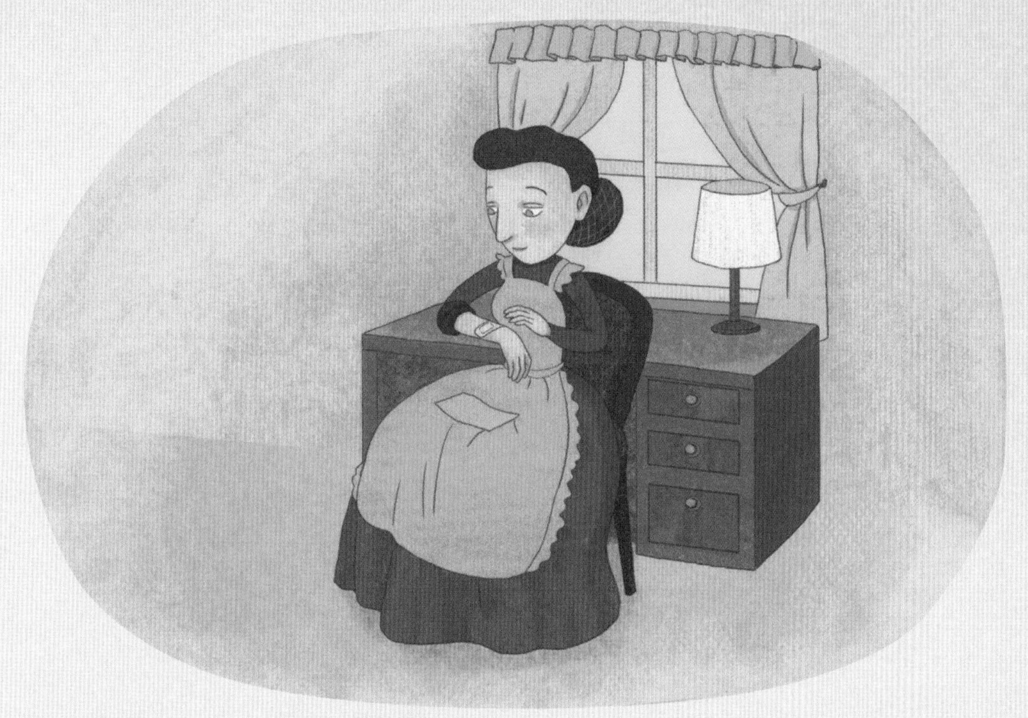

뿐만 아니라 딜슨의 새로운 반창고는 그에게 또 다른 기회도 제공했다. 회사의 배려로 그의 아이디어가 상품으로 만들어지기에 이른 것이다.

아내를 위해 만든 반창고가 대량으로 생산되고, 상품이 되어 세계 각지의 가정으로 팔려 나갔다. 이로 인해 딜슨이 회사에서 인정을 받고 경제적 혜택을 입은 것은 당연한 일이었다.

지금도 딜슨의 반창고는 많은 이의 상처를 보살피고 있다. 처음에 이름 지어진 '밴드 에이드'라는 상표명은 이제 밴드형 반창고를 가리키는 말이 되어 모르는 사람이 없을 정도다. 어쩌면 이 반창고의 인기 ✦비결은 딜슨의 아내에 대한 사랑이 아니었을까?

어쨌든 정이 느껴지는 아이디어이다.

딜슨은 수소문 끝에 ❺ .... 직물을 찾아내 문제점을 해결했고, 지금의 밴드 반창고로 상품화되었다.

✦**비결:** 세상에 알려져 있지 않은 자기만의 뛰어난 방법.

글을 읽고, 물음에 답해 보세요.

식품 업계의 혁명 - 라면

1 일본에서는 왜 라면 같은 식품이 필요했을까요? (   )

① 일본 사람들이 국수에 싫증을 느꼈기 때문에
② 쉽게 조리할 수 있는 음식이 필요했기 때문에
③ 많은 사람이 굶주림에 시달리고 있었기 때문에
④ 주식으로 쓰는 쌀의 소비를 줄여야 했기 때문에

2 안도가 밀가루 식품을 개발하면서 갖추려고 했던 조건으로 알맞지 않은 것의 기호를 쓰세요.

㉮ 신선해야 한다.
㉯ 맛이 좋아야 한다.
㉰ 영양이 풍부해야 한다.
㉱ 쉽게 조리할 수 있어야 한다.

3 안도가 라면에 어떤 원리를 응용했는지 생각하여 빈칸에 알맞은 말을 쓰세요.

(   )을/를 튀기는 원리

4 라면의 면을 꼬불꼬불하게 만든 까닭으로 알맞은 것에 모두 ○표 하세요.

(1) 작은 포장지 안에 많은 양을 담기 위해서 (   )
(2) 입맛을 돋우고 보기에도 좋게 하기 위해서 (   )
(3) 기름을 적게 흡수하고 수분 증발을 막기 위해서 (   )

사랑하는 아내를 위하여-밴드 반창고

5 밴드 반창고의 특징으로 알맞은 것을 두 가지 고르세요. (   )

① 테이프 부분이 쉽게 떨어지게 만들었다.
② 거즈가 상처에 딱 달라붙어 떨어지지 않게 만들었다.
③ 상처의 분비물을 흡수하도록 붙여 놓은 거즈 조각이 있다.
④ 작은 구멍을 숭숭 뚫어 상처에 공기가 드나들도록 만들었다.

6 붕대와 반창고의 불편한 점을 알맞게 말한 친구의 이름을 쓰세요.

성현: 가격이 많이 비싸.
소미: 세균 감염이 쉽게 돼.
채윤: 다쳤을 때 혼자서 치료하기 어려워.

7 딜슨이 만들기로 마음먹은 반창고는 어떤 것이었나요? (   )

① 좋은 향기가 나는 반창고
② 물에 닿아도 젖지 않는 반창고
③ 혼자서도 쉽게 치료할 수 있는 반창고
④ 오랜 시간 동안 써도 새것 같은 반창고

8 딜슨이 새로운 반창고를 만든 비결로 알맞은 것의 기호를 쓰세요.

㉮ 아내를 사랑하는 열성
㉯ 경제적인 부를 이루고자 하는 열망
㉰ 나일론과 비슷한 종류의 직물인 '크리놀린'의 발명

읽은 후

생각 정리

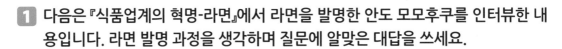

1 다음은 『식품업계의 혁명-라면』에서 라면을 발명한 안도 모모후쿠를 인터뷰한 내용입니다. 라면 발명 과정을 생각하며 질문에 알맞은 대답을 쓰세요.

오늘은 세계 라면 협회 안도 회장님을 모시고, 라면의 발명에 대해 이야기 나누어 보겠습니다.

왜 라면을 식품 업계의 혁명이라고 합니까?

아, 그건 말이지요. ______________________

라면을 발명하시게 된 데에는 어떤 까닭이 있을 듯한데요.

제가 라면을 발명할 당시에는 ______________________

한 가지만 더 여쭈어 보겠습니다. 라면은 왜 면발이 꼬불꼬불하지요?

____

2 다음은 『사랑하는 아내를 위하여-밴드 반창고』에서 밴드 반창고를 발명한 얼 딜슨과 그의 부인을 인터뷰한 내용입니다. 밴드 반창고 발명 과정을 생각하며 질문에 알맞은 대답을 쓰세요.

이번 시간에는 밴드 반창고 발명가 딜슨 부부를 모시고 발명 이야기를 해 보겠습니다.

밴드 반창고는 딜슨 부인을 위한 발명이었다는 게 무슨 뜻입니까?

아, 그건 말이지요. ______________

____

____

그렇군요. 딜슨 씨가 부인께 어떻게 해 주셨는지 자세히 말씀해 주세요.

아내가 다칠 때마다 ______________

____

____

밴드 반창고의 발명으로 달라진 것이 있나요?

____

____

____

읽은 후 생각 넓히기

1 안도와 딜슨의 발명 메모를 살펴보았어요. 안도와 딜슨이 쓴 메모지에 어떤 내용이 들어가야 할지 알맞게 쓰세요.

•••

라면과 밴드 반창고가 상품화되기 위해서 보완할 점은 무엇이었는지, 어떻게 보완했는지 생각해 보세요.

2 라면을 먹거나 밴드 반창고를 이용하며 아쉬운 점은 없었나요? 내가 만들고 싶은 라면이나 밴드 반창고를 상상해서 그려 보고, 설명도 간단히 쓰세요.

지금의 라면과 밴드 반창고의 특징을 떠올려 보고, 어떤 점을 보완하거나 추가하면 좋을지 생각해 보세요.

그림으로 나타내 보고
어떻게 만들 것인지 간단히 설명을 써 봐.

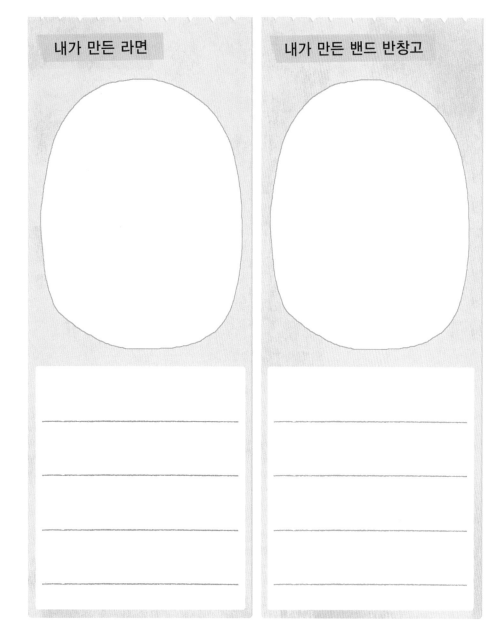

내가 만든 라면

내가 만든 밴드 반창고

3 **인터넷이나 백과사전 등에서 발명품을 한 가지 찾아 조사하고, 조사한 내용을 정리해 보세요.**

•••

평소 자주 이용하거나 기발하다고 생각한 발명품을 떠올려 보고 인터넷 검색이나 백과사전을 활용하여 필요한 정보를 찾아보세요.

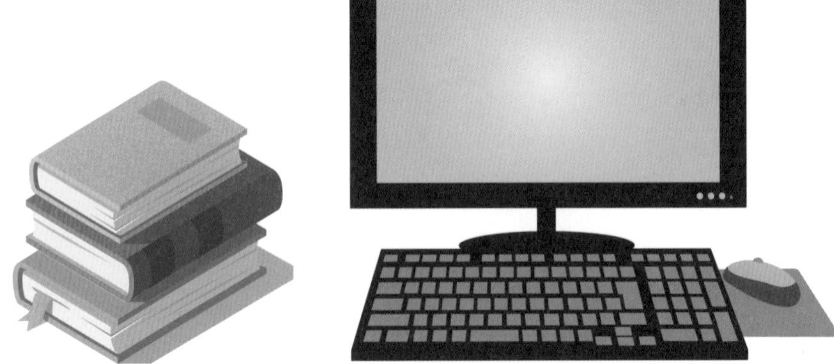

발명품

● 발명한 사람:

● 발명한 시기:

● 발명하게 된 동기:

4 다음 그림을 보고, 기존 상품의 불편한 점과 개발된 상품의 장점은 무엇일지 생각해 쓰세요.

기존 물건의 재료, 이용 방법 등에서 불편한 점을 찾아보고, 개발된 상품은 어떤 점을 보완하고 개선하여 만든 것인지 정리해 보세요.

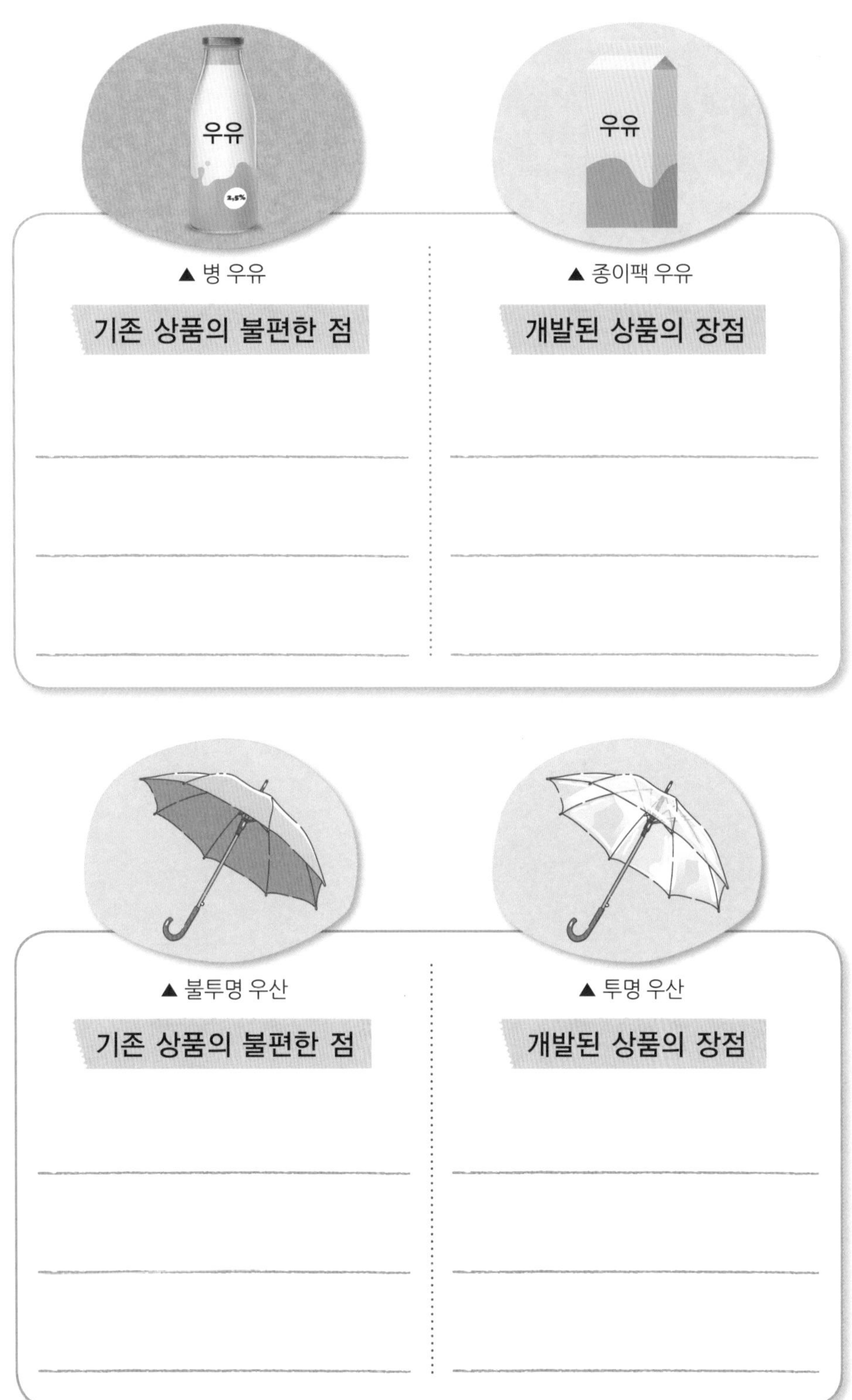

▲ 병 우유

▲ 종이팩 우유

기존 상품의 불편한 점	개발된 상품의 장점

▲ 불투명 우산

▲ 투명 우산

기존 상품의 불편한 점	개발된 상품의 장점

배경지식 탐구

더위로부터 우리를 구한 발명가, 캐리어

더운 여름이 찾아오면 생활 필수품으로 꼭 손꼽히는 것이 있지요? 바로 에어컨입니다. 에어컨이 없던 옛날에는 어떻게 살았을까 걱정될 만큼 에어컨은 현대에 꼭 필요한 가전 제품이 되었답니다. 이 에어컨을 발명한 사람은 '윌리스 캐리어'입니다.

캐리어가 히터와 송풍기를 만드는 회사에 다니고 있을 당시에, 어떤 출판사로부터 한 가지 의뢰를 받게 됩니다. 날씨가 덥고 습기가 높은 여름에 종이가 ✦변질되어 출판을 제대로 할 수 없는 문제를 해결해 달라는 것이었습니다. 캐리어는 이 문제를 해결하기 위해 한 기기의 설계도를 제작해 제출하였는데, 그것이 바로 세계 최초의 공기 조화 시스템, 즉 에어컨입니다. 이 당시 캐리어가 제안한 공기 조화 시스템이 오늘날 에어컨의 탄생으로 인정받는 이유는, 습도 조절 장치가 추가되면서 '온도 조절, 습도 조절, 공기 순환과 환기, 공기 정화' 라는 네 가지의 기본 기능을 갖추게 되었기 때문입니다.

그후 캐리어가 자신의 이름을 건 에어컨 회사를 차리고, 병원, 극장, 백화점 등에 에어컨을 대량으로 보급하고 설치하면서 에어컨 대중화 시대를 열게 되었다고 합니다.

이와 같은 캐리어의 발명은 인류의 삶을 혁명적으로 바꿨다는 평가를 받고 있습니다. 에어컨이 발명되지 않았다면 요즘 같은 폭염과 무더위에 어떻게 여름을 견뎠을까요?

✦**변질:** 성질이 달라지거나 물질의 질이 변함. 또는 그런 성질이나 물질.

이런 책도 있어요

박주혜, 『앗! 이런 발명가 와! 저런 발명품』, 뭉치, 2020
우리누리, 『그래서 이런 발명품이 생겼대요』, 길벗스쿨, 2014
아비게일 휘틀리, 『초등학생이 알아야 할 위대한 과학자 100명』, 어스본코리아, 2020

재미로 보는 심리 테스트

[적중률 : 상 중 하]

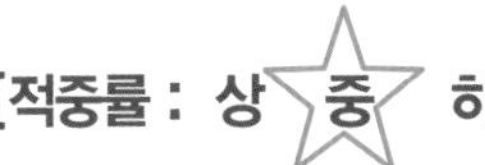

✱ 숲에서 길을 잃었을 때 원숭이, 독수리, 여우, 호랑이 중 어떤 동물에게 길 안내를 부탁하고 싶은가요? 다음 동물 중에서 한 가지 골라 쓰세요.

1. 원숭이

2. 독수리

3. 여우

4. 호랑이

• 결과는 가이드북 13쪽을 확인하세요.

수필 사회, 문화

독서논술계획표

다음 단계에 맞게 공부한 날짜를 쓰세요.

읽기 전			읽는 중			읽은 후		
생각 열기	월	일	생각 쌓기	월	일	생각 정리	월	일
낱말 탐구	월	일	내용 확인	월	일	생각 넓히기	월	일

독서 노트	월	일

*아버지의 생일

이철환

*달걀 두 개

김진수

읽기 전

생각 열기

1 어느 음식점에 다음과 같은 손님들이 들어왔어요. 내가 주인이라면 어떻게 결정했을지 V표 하고, 그렇게 결정한 까닭도 쓰세요.

•••

앞을 못 보고 행색이 초라한 남자가 딸과 함께 음식점에 왔어요. 또 어떤 남자는 술에 많이 취한 상태로 왔어요.

저어, 순댓국
되나요?

딸꾹, 여기 순댓국
한 그릇하고
소주 한 병 주쇼.

결정	결정
☐ 내쫓는다.	☐ 내쫓는다.
☐ 받아들인다.	☐ 받아들인다.
그렇게 결정한 까닭	**그렇게 결정한 까닭**

2 **다음은 언니를 둔 어느 동생의 일기입니다. 내가 동생이라고 생각하고, 일기의 나머지 부분을 완성하세요.**

•••
동생이 처한 상황을 먼저 파악하고, 내가 동생이었다면 어떤 결정을 내렸을지 생각해 보세요.

20○○년 ○○월 ○○일　　날씨: 맑음

언니의 새 옷

어머니께서 우리 자매를 부르셨다. 새 옷을 사기 전, 우리와 의논을 하시려는 것이었다. 어머니께서는 옷값이 비싸, 내 옷을 살 돈이 모자란다고 하셨다. 언니는 모레 학예회가 있기 때문에 새 옷이 필요했다. 어머니는 언니에게 꼭 예쁘고 좋은 옷을 입히고 싶어 하셨다. 그래서 나에게 내 옷은 다음에 사는 것이 어떻겠냐고 물으셨다.

나는 ______________________________

____

____

읽기 전 ㄱ ㅎ

낱말 탐구

1 주어진 세 낱말을 보고, 떠오르는 낱말을 보기 에서 찾아 쓰세요.

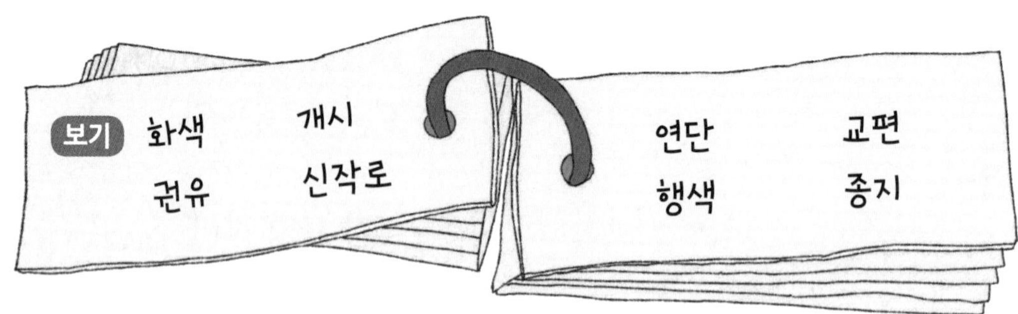

가게	처음	거래

선생님	수업	막대기

일	권함	제안

옷차림	겉모습	태도

얼굴	빛	돌다

연설	단	높다

자동차	새것	도로

담다	그릇	간장

2 문장에 나온 첫소리와 뜻풀이를 보고, 빈칸에 알맞은 낱말을 쓰세요.

문장	뜻풀이	알맞은 낱말
전 재산을 기부한 할머니는 화려한 모습이 아니라 ㄴㅈㅎ 옷차림을 하고 계셨다.	허름하고 지저분한.	
산악 구조대는 헬기까지 ㄷㅇ하여 실종자를 수색하였다.	어떤 목적이 이루어지도록 사람이나 물건, 방법 등을 한데 모음.	
계단을 따라 지하실로 내려가니 ㅋㅋㅎ 냄새가 코를 찔렀다.	상하고 찌들어 비위에 거슬릴 정도로 냄새가 심한.	
학교에 ㅎㄱㅎ 소문이 떠돌자, 웅성거리며 어수선해졌다.	크게 놀랄 정도로 매우 괴이하고 야릇한.	
빨리 가자고 ㅈㅊ하는 바람에 신발 주머니를 현관에 놓고 왔다.	어떤 일을 빨리 하도록 조름.	

인물들이 처한 상황을 알아보고, 각각의 상황에서 인물들의 마음이 어떠할지 생각하며 다음 글을 읽어 보세요.

아버지의 생일

이철환

비에 젖은 아침 햇살이 콘크리트 바닥에 얼굴을 비비며 도란도란 속삭이고 있었다. 완섭 씨는 갈색 머리칼을 살랑살랑 흔들고 있는 가로수를 바라보며 졸음에 겨운 하품을 하고 있었다. 바로 그때 음식점 출입문이 열리더니 여덟 살쯤 돼 보이는 여자아이가 어른의 손을 이끌고 느릿느릿 안으로 들어왔다.

두 사람의 너절한 행색은 한눈에 봐도 걸인임을 짐작할 수 있었다. 담배 연기처럼 헝클어진 머리는 비에 젖어 있었다. 퀴퀴한 냄새가 완섭 씨의 코를 찔렀다. 완섭 씨는 자리에서 벌떡 일어나 그들을 향해 신경질적으로 말했다.

"이봐요! 아직 개시도 못했으니까, 다음에 와요!"

"……."

아이는 아무 말 없이 앞을 보지 못하는 아빠의 손을 이끌고 음식점 중간에 자리를 잡고 앉았다.

완섭 씨는 그때서야 그들 부녀가 음식을 먹으러 왔다는 것을 알았다. 하지만 식당에 오는 손님들에게 그들 부녀 때문에 불쾌감을 줄 수는 없었다. 더욱이 돈을 못 받을지도 모르는 사람들에게 음식을 내준다는 게 완섭 씨는 왠지 꺼림칙했다.

완섭 씨가 그런 생각을 하며 머뭇거리는 사이에 여자아이의 가느다란 목소리가 들려왔다.

"저어, 아저씨! 순댓국 두 그릇 주세요."

"응, 알았다. 근데 얘야, 이리 좀 와 볼래?"

계산대에 앉아 있던 완섭 씨는 손짓을 하며 아이를 자기 쪽으로 불렀다.

완섭 씨는 식당에 올 다른 손님들에게 ❶ ______________ 을/를 주고, 음식값을 못 받을 것 같아서 부녀에게 음식을 팔고 싶지 않았다.

"미안하지만 지금은 음식을 팔 수가 없구나. 거긴 예약 손님들이 앉을 자리라서 말이야."

그렇지 않아도 주눅[✦] 든 아이는 주인의 말에 낯빛이 금방 시무룩해졌다.

"아저씨, 빨리 먹고 갈게요. 오늘이 우리 아빠 생일이에요."

아이는 잔뜩 움츠린 목소리로 그렇게 말하다 말고 여기저기 주머니를 뒤졌다. 그러고는 비에 젖어 눅눅해진 천 원짜리 몇 장과 한 주먹의 동전을 꺼내 보였다.

"알았다. 그럼 최대한 빨리 먹고 나가야 한다. 그리고 말이다, 아빠하고 저쪽 끝으로 가서 앉거라. 여긴 다른 손님들이 와서 앉을 자리니까."

"예! 아저씨, 고맙습니다."

아이는 자리로 가더니 아빠를 다시 일으켜 세웠다. 그러고는 화장실이 바로 보이는 맨 끝자리로 가서 앉았다.

"아빠는 순댓국이 제일 맛있다고 그랬잖아. 그치?"

✦ **주눅:** 기운을 제대로 펴지 못하고 움츠러드는 태도나 성질.

"응……."

간장 종지처럼 볼이 패인 아빠는 힘없이 고개를 끄떡였다.

잠시 후 완섭 씨는 순댓국 두 그릇을 갖다주었다. 그리고 계산대에 앉아 물끄러미 그들의 모습을 바라봤다.

"아빠, 내가 소금 넣어 줄게. 잠깐만 기다려."

"……."

아이는 그렇게 말하고는 소금통 대신 자신의 국밥 그릇으로 수저를 가져갔다. 그러고는 국밥 속에 들어 있던 순대며 고기들을 떠서 아빠의 그릇에 가득 담아 주었다. 그러고 나서 소금으로 간을 맞췄다.

"아빠, 이제 됐어. 어서 먹어."

"응, 알았어! 순영이 너도 어서 먹어라. 어제 저녁도 제대로 못 먹었잖아."

"나만 못 먹었나 뭐. 근데…… 아저씨가 우리 빨리 먹고 가야 한댔어. 어서 밥떠, 아빠. 내가 김치 올려 줄게."

순영이는 아빠의 ❷ ______________ 을/를 맞아 아빠가 제일 맛있다고 한 순댓국을 드시게 하고 싶었다.

"알았어!"

아빠는 조금씩 손을 떨면서 국밥 한 수저를 떴다. 수저를 들고 있는 아빠의 두 눈 가득히 눈물이 고여 있었다.

그 광경을 지켜보고 있던 완섭 씨는 자신도 모르게 마음이 뭉클해졌다. 그리고 조금 전 자기가 아이한테 했던 일에 대한 뉘우침으로 그들의 얼굴을 바라볼 수가 없었다.

음식을 먹고 나서 아이는 아빠 손을 끌고 완섭 씨에게 다가왔다. 그리고 아무 말 없이 계산대 위에 천 원짜리 넉 장을 올려놓고, 주머니 속에 있던 한 ✦움큼의 동전을 꺼내고 있었다.

"얘야, 그럴 필요 없다. 음식값은 이천 원이면 되거든. 아침이라 재료가 준비되지 않아서 국밥 속에 넣어야 할 게 많이 빠졌어. 그러니 음식값을 다 받을 수 없잖니?"

완섭 씨는 미소를 지으며 아이에게 천 원짜리 두 장을 다시 건네주었다.

"고맙습니다, 아저씨!"

"아니다, 아까는 내가 오히려 미안했다."

완섭 씨는 출입문을 나서는 아이의 주머니에 사탕 한 움큼을 넣어 주었다.

"잘 가라!"

"네, 안녕히 계세요!"

아픔을 감추며 웃고 있는 아이의 얼굴을 완섭 씨는 똑바로 쳐다볼 수 없었다. 총총히 걸어가는 아이의 뒷모습을 보는 완섭 씨 눈가에도 어느새 맑은 눈물 빛이 반짝거렸다.

완섭 씨는 순영이의 주머니에 ❸ ________ 한 움큼을 넣어 주며 미안함을 전했다.

✦**움큼:** 손으로 한 줌 움켜쥘 만한 분량을 세는 단위.

달걀 두 개

김진수

아버지께서 읍에 있는 작은 중학교에서 교편을 잡고 계실 때였다. 집을 지키느라 가끔은 심심해하시는 어머니에게 닭을 키워 보는 게 어떻겠느냐고 제안을 하셨고 그 권유대로 닭을 키우기 시작하면서 어머니의 얼굴에는 화색이 돌았다.

어머니는 신작로에 나와서 우리를 기다리는 시간보다 닭장에 들어가 달걀을 빼 들고 나오는 일에 더 즐거움을 느끼시는 듯했다.

처음에 세 마리였던 닭은 다섯 마리, 열 마리, 스무 마리까지 늘어났다.

글쎄, 닭 때문에 가족의 행복의 양이 늘어난 것을 어떻게 말할 수 있을까?

우리는 다른 아이들보다 풍족하게 계란 음식을 먹을 수가 있었고, 어머니 대신 닭장 안에 들어가 아직도 온기가 남아 있는 알을 두 손으로 소중히 받쳐 안고 나오는 기쁨을 맛보기도 했다.

어머니는 그렇게 모은 달걀을 들고 시장에 나가 팔기도 했다. 그리고 그 돈은 우리의 옷과 책가방, 학용품 등을 사는 데 보탰다.

그러던 어느 날이었다.

어머니는 우리 삼 형제를 모아 놓고 중대한 선언을 하셨다.

내 졸업식이 끝날 때까지는 계란을 먹을 수 없다는 것이다. 바로 밑 동생이 울상이 된 얼굴로 이유를 물었고, 어머니는,

“형의 졸업식 날 좋은 옷 한 벌을 해 주기 위해서…….”

라고 말하셨다.

졸업식은 한 달 가량 남아 있었고, 그 졸업식에서 나는 전교생 대표로 우등상을 받기로 되었던 것이다.

“너희 형은 좋은 옷이 없잖니. 그날 허술한 옷을 입게 할 수는 없잖아?”

어머니는 부드럽게 웃으며 우리를 차분하게 설득시키셨지만 그 설명을 듣는 두 동생의 얼굴이 일그러지는 것을 보며 나는 마음이 아팠다.

동생을 섭섭하게 하면서까지 새 옷을 입는 일 따위는 하지 않아도 될 것 같았다.

"엄마가 새 옷 때문에 마음이 아프다면 차라리 나는 졸업할 때 어떤 상도 받지 않겠다고 하겠어요."

슬픈 빛으로 막내 동생이 말했다.

"아니야, 엄마는 큰형이 상을 받게 되어 얼마나 기쁜지 모른다. 상 받는 아들과 함께 연단에 올라갈 그날만 생각하면 가슴이 설레는걸."

그로부터 일주일이 지나서였다.

어머니가 근심스러운 얼굴로 나를 불렀다.

"달걀이 매일 두 개씩 없어지는구나."

스무 마리의 닭 중에서 알을 낳는 닭은 열다섯 마리인데 달걀은 매일 열세 개씩밖에 모이지 않는다는 것이었다.

처음에는 대수롭지 않게 넘어갔지만, 일주일을 그럴 수는 없는 일이었다.

어머니는 '나'의 옷을 사기 위해 ❹ ________ 을/를 모으셨는데, 매일 두 개씩 없어져서 걱정하셨다.

"정말 알 수 없는 일이다. 나는 너희들이 학교에 가고 나면 주로 닭장 문 근처에서 돌아다니거든."

어머니의 말대로 닭장은 마당 한 귀퉁이에 있었고, 대문에서도 안쪽으로 많이 들어와야 하기 때문에 도둑맞을 염려가 없었다.

설사 도둑이 들었다 해도 왜 하필 두 개만 들고 간단 말인가? 아버지에게까지 알려 그 일의 해괴한 문제를 풀어 보고자 했지만 해결되지 않았다.

아버지는 밤마다 대문을 철저히 잠그고 대문 근처에 개를 두는 방법까지 동원했지만 도둑을 잡지는 못했다.

그 일이 계속되는 동안에 졸업식 날이 다가왔다. 약속대로 어머니는 그 전날 읍에 나가 내 옷을 사 가지고 오셨다. 붉은색 체크무늬 남방과 감색 재킷이었다.

"바지는 입던 것을 그냥 입어야겠구나. 달걀이 없어지지만 않았더라도 하나 살 수 있는 건데 그랬다."

어머니는 새 옷을 내놓으면서도 아쉬운 표정이었다.

"여보, 난 정말 너무 기뻐서 연단에 올라가 울 것만 같아요."

졸업식 날이 되어 가장 아끼고 아끼던 한복을 입고 나선 어머니, 그때 우리 모두는 늑장을 부리는 막내 동생을 기다리기 위해 한참이나 마당에 서 있었다.

막내 동생은 아버지의 어서 나오라는 재촉을 받은 후 방문을 열고 나왔다.

"형들 준비할 때 뭐했니, 어서들 가자."

아버지가 주의를 주고 나서 우리 모두 막 몇걸음을 떼었을 때였다. 제일 뒤에 처져 있던 막내 동생이 수줍은 듯한 목소리로 어머니를 불렀다.

우리 모두 뒤돌아보았을 때 막내 동생의 손에는 하얀 고무신 한 켤레가 소중히 들려져 있었다.

그제야 나는 한복 치마 밑으로 어머니의 낡은 고무신을 바라보았다. 얼마나 오래 신었는지 색이 바래 흰색으로 보이지도 않았다. 나는 부끄러웠다.

"내가 엄마한테 주려고 샀어요. 하지만 너무 야단치지는 마세요. 달걀 두 개는 어디까지나 제 몫이었으니까요."

그날 어머니는 연단에 서기도 전에 눈물을 펑펑 쏟아 몇 년만에 한 화장을 다시 해야 했다. 나의 손을 잡고 연단에 올라가면서까지도 어머니의 눈길은 막내가 내놓은 하얀 고무신 코에 머물러 있는 것을 볼 수 있었다.

우리에겐 달걀이 단지 반찬으로서의 의미가 아니라 사랑의 다리 역할을 해주던 시절이었다.

어머니께 새 고무신을 사 드리기 위해서 ❺ ______________ 이/가 달걀을 가져간 것이었다.

글을 읽고, 물음에 답해 보세요.

아버지의 생일

1 순영이 아빠에 대한 설명으로 알맞은 것은 무엇인가요? (   )

① 앞을 못 보신다.
② 말을 못 하신다.
③ 다리가 불편하시다.
④ 음식점을 운영하신다.

2 다음 말에서 짐작할 수 있는 음식점 주인의 생각은 무엇인가요? (   )

"아빠하고 저쪽 끝으로 가서 앉거라. 여긴 다른 손님들이 와서 앉을 자리니까."

① 장사를 그만두고 싶다.
② 첫 손님이라서 반갑다.
③ 아이를 도와주고 싶다.
④ 손님으로 받고 싶지 않다.

3 순영이는 왜 자신의 국밥 속에 있던 순대와 고기를 아빠의 그릇에 가득 담아 주었는지 알맞게 짐작한 것에 ○표 하세요.

(1) 순대와 고기를 먹고 싶지 않았기 때문이다. (   )
(2) 어른인 아빠가 더 많이 드셔야 한다고 생각했기 때문이다. (   )
(3) 아빠 생일을 맞아 아빠가 제일 좋아하는 순댓국을 배불리 드시게 하고 싶었기 때문이다. (   )

4 완섭 씨가 음식값을 다 받지 않은 까닭을 생각하여 (   ) 안의 낱말 중 알맞은 것에 ○표 하세요.

부녀의 행색이 초라하여 내쫓으려 했던 자신의 행동이 (부끄러웠기, 옳다고 여겼기) 때문이다.

달걀 두 개

5 달걀이 '나'의 가족에게 어떤 역할을 했는지 알맞은 것을 두 가지 고르세요. (　　　　)

① 학용품, 옷 등을 살 수 있었다.
② 혼자 있을 때 장난감이 되었다.
③ 집에서 밥을 먹는 일이 줄어들었다.
④ 계란 음식을 풍족하게 먹을 수 있었다.

6 어머니의 말씀에 동생들의 얼굴이 울상이 된 까닭을 알맞게 말한 친구의 이름을 쓰세요.

채윤: 형이 전교생 대표로 상을 받지 않겠다고 했기 때문이야.
예원: 형처럼 공부를 잘하지 못한다고 야단을 맞았기 때문이야.
수린: 형의 졸업식이 끝날 때까지 계란을 먹을 수 없다고 했기 때문이야.

✎ ____________

7 어머니가 달걀을 팔아 마련한 것은 무엇인지 두 가지 쓰세요.

(　　　　　　　　　　)과/와 (　　　　　　　　　　)

8 막내가 달걀을 가져간 행동은 어떤 마음과 관련이 있었나요? (　　　　)

① 질투　② 사랑　③ 화해　④ 자랑

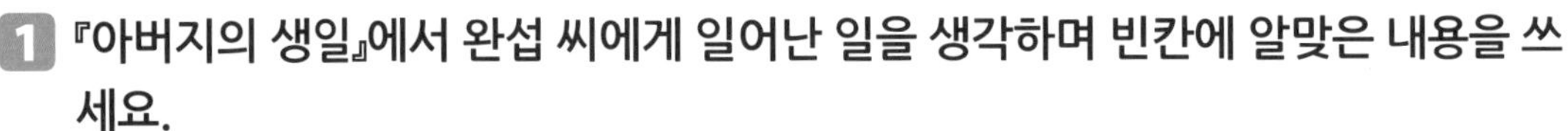

읽은 후 생각 정리

1 『아버지의 생일』에서 완섭 씨에게 일어난 일을 생각하며 빈칸에 알맞은 내용을 쓰세요.

① 음식점으로 들어온 두 사람의 너절한 행색은 ( ) 같았고, 퀴퀴한 냄새가 완섭 씨의 코를 찔렀다.

② 음식을 팔지 않겠다는 완섭 씨의 말에 순영이는 오늘이 ( ) 이라며 주문을 받기를 부탁했다.

③ 순영이는 아빠가 배불리 드시게 하려고 자신의 국밥 속에 들어 있던 순대와 고기를 ( ).

④ 완섭 씨는 마음이 뭉클하여 음식값을 다 받지 못했고, 출입문을 나서는 아이에게 ( ).

2 『달걀 두 개』에서 가족들에게 일어난 일을 생각하며 빈칸에 알맞은 내용을 쓰세요.

① 어머니는 (   )의 권유로 닭을 키우기 시작하면서 즐거움을 느끼시는 듯했다.

② 어머니는 우리 삼 형제를 모아 놓고 형의 (   ) 계란을 먹을 수 없다고 중대한 선언을 하셨다.

③ 닭장이 대문 안쪽으로 많이 들어와야 하는데도 (   ) 어머니는 근심이 되었다.

④ 졸업식 날 밝혀진 달걀 도둑은 막내였는데, (   ) 매일 달걀 두 개를 가져간 것이었다.

읽은 후 생각 넓히기

1 『아버지의 생일』에서 순영이는 아빠의 생일을 앞두고 여러 가지 계획을 세웠어요. 내가 순영이라고 생각하면서, 다음 물음에 답해 보세요.

순영이의 입장이 되어 아빠의 생일을 어떻게 준비했었을지 상상해 보세요.

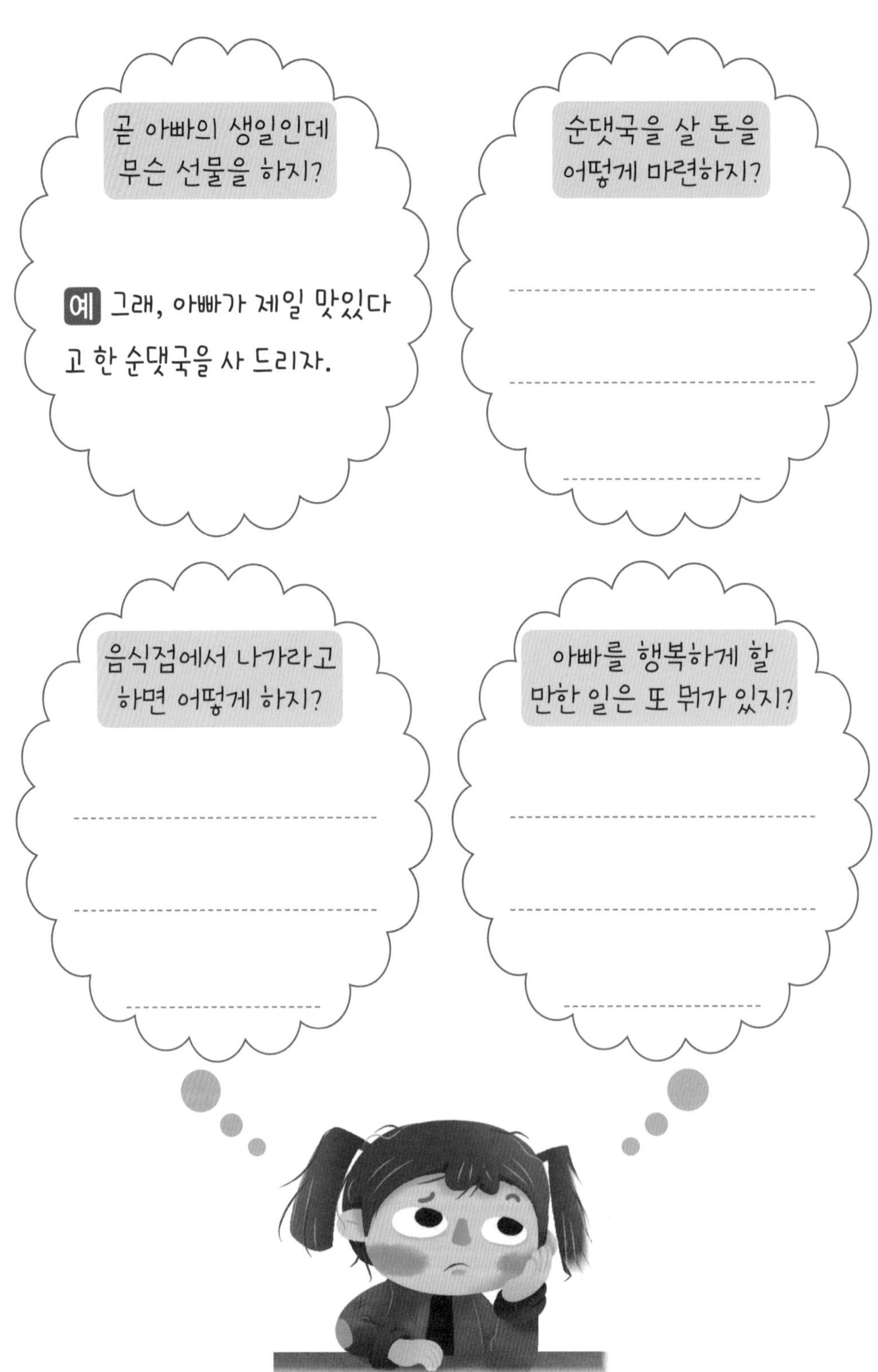

곧 아빠의 생일인데 무슨 선물을 하지?
예 그래, 아빠가 제일 맛있다고 한 순댓국을 사 드리자.
순댓국을 살 돈을 어떻게 마련하지?
음식점에서 나가라고 하면 어떻게 하지?
아빠를 행복하게 할 만한 일은 또 뭐가 있지?

2 『달걀 두 개』에서 '나'의 가족에게 달걀은 어떤 의미였는지 생각해 보고, 그 의미를 간단히 쓰세요.

각각의 인물이 처한 상황에서 달걀은 어떤 의미가 있었는지 파악해 보고, 가족 모두에게는 어떤 역할을 했는지 알아보세요.

달걀이 '나'의 가족에게 한 역할은 무엇이었는지를 생각해 봐.

가족 모두의 달걀

3 『아버지의 생일』과 『달걀 두 개』에 나온 순영이와 막내를 비교해 보고, 두 인물의 같은 점과 다른 점을 정리하여 쓰세요.

•••
순영이와 막내가 처한 상황과 두 사람의 말과 행동을 살펴보고, 순영이와 막내의 비슷한 점과 다른 점은 무엇인지 찾아보세요.

두 이야기의 주인공

4 『아버지의 생일』과 『달걀 두 개』의 내용을 비교해 보고, 두 이야기의 닮은 점을 정리하여 쓰세요.

••• 두 이야기를 견주어 주제와 관련된 서로 비슷한 인물이나 매개체 등을 생각해 보세요.

두 이야기의 닮은 점

이야기		의미나 상징하는 것
아버지의 생일	달걀 두 개	
순영이		주인공, 효심이 깊은 아이
	어머니	주인공이 효성을 다해 선물을 한 사람
아빠의 두 눈에 가득 고인 눈물		
순댓국		부모님께 드린 사랑이 듬뿍 담긴 선물

완전 식품, 달걀

닭이 날지 못하게 되고 사람들에게 길러진 순간부터 달걀은 영양식으로 세계 각지에서 이용되었습니다. 그래서 달걀은 영양을 고루 갖춘 완전식품으로 알려져 있기도 해요. 특히 달걀에 들어 있는 단백질은 영양가가 뛰어나며, 단백질의 ✦아미노산 ✦조성은 영양학적으로 가장 이상적이라고 합니다.

달걀의 흰자는 단백질이 주성분이고, 노른자는 지방과 단백질이 주성분입니다. 요즘에는 노른자에 있는 콜레스테롤이 성인병의 원인이 된다 하여 먹기를 피하거나 싫어하지만 노른자에는 비타민 A · D · E · B2와 철분이 많이 들어 있으므로 건강한 성인은 하루 한 개 정도는 먹는 것이 오히려 좋습니다.

달걀을 고를 때는 껍데기에 이물질이 없고 두꺼운 것이 좋으며 껍데기가 윤이 나는 것은 오래된 것입니다. 또 만졌을 때 거칠거칠한 느낌을 주는 것이 좋아요. 껍데기의 색깔은 닭의 종류에 따라 다른 것이지 영양가에 차이가 있는 것은 아닙니다.

달걀을 보관할 때에는 뾰족한 부분이 아래로 향하게 보관해야 합니다. 달걀의 둥근 부분에는 기실이라는 숨구멍이 있기 때문에 신선도 유지를 위해서 둥근 부분이 위로 향하게 하여 보관하고, 뚜껑으로 덮어 줍니다. 세척할 때에는 물로 간단히 겉의 이물질만 제거하면 됩니다.

〈물에 담가 달걀의 신선도 확인하기〉

▲ 달걀이 옆으로 누워서 바닥에 가라앉으면 가장 신선한 상태임.

▲ 똑바로 서서 가라앉으면 신선한 상태는 지났으나 먹을 수 있음.

▲ 달걀이 물에 뜨면 신선도가 매우 떨어지고 먹을 수 없는 상태임.

✦ **아미노산:** 생물의 몸을 구성하는 단백질의 기본 구성 단위.

✦ **조성:** 무엇을 만들어서 이룸.

이런 책도 있어요

신여랑, 『효도왕 선발대회』, 위즈덤하우스, 2016
전이수, 『나의 가족, 사랑하나요?』, 주니어김영사, 2018
차원재, 『효도는 즐겁고 행복해』, 한국독서지도회, 2005

두 눈을 크게 떠요! **집중력 테스트**

[난이도 : 상 중 하]

* 동물들이 나무 위에 올라가 있어요. 오른쪽 그림과 같은 열 개의 작은 그림들을 찾아 보세요.

• 정답은 가이드북 13쪽을 확인하세요.

3주

논설문 경제, 환경

독서논술계획표

다음 단계에 맞게 공부한 날짜를 쓰세요.

읽기 전		읽는 중		읽은 후	
생각 열기	월 일	생각 쌓기	월 일	생각 정리	월 일
낱말 탐구	월 일	내용 확인	월 일	생각 넓히기	월 일

독서노트 월 일

임금님께 바치는 북학의

박제가

※ 박제가는 조선 후기의 실학자로, 대표적인 작품으로는 『북학의』, 『정유고략』 등이 있습니다.

읽기 전

생각 열기

1 인터넷이나 백과사전 등에서 '청나라'에 대해 알아보고, 빈칸에 알맞은 내용을 채워 보세요.

•••
청나라는 중국 대륙의 마지막 왕조로, 처음에는 나라 이름을 '후금'이라고 했다가 '청'으로 바꾸었어요.

청나라 알아보기

있었던 기간	
나라를 세운 이	
나라를 세운 민족	
수도	

오늘날의 중국 영토는 대부분 청나라 전성기에 이룬 거야.

2 다음 글은 정조 임금에게 박제가가 올린 상소의 일부예요. 상소를 읽고, 물음에 답해 보세요.

상소란 임금에게 글을 올리던 일, 또는 그 글을 말해요.

젊은 시절에 저는 청나라 북경에 머물렀던 적이 있습니다. 그래서 청나라에 대해 자주 말씀 드렸던 것입니다.

우리나라 사람들은 오늘날의 청나라는 옛날의 중국이 아니라면서 심하게 비웃고 있습니다. 이번에 올리는 이 말씀도 예전에 그들이 비웃던 그 말들 가운데 하나에 지나지 않습니다. 그리하여 또 ✦망발을 한다는 조롱을 스스로 듣게 되겠지만 이것 외에는 달리 드릴 말씀이 없습니다.

중요한 것도 처음에는 보잘것없는 것처럼 보이기 마련입니다. 하찮은 사람의 생각이지만 감히 숨기지 않고, 여기에 '28항목 53조'를 기록하고 제목을 '북학의'라 하였습니다.

감히 존엄하신 ✦대전을 더럽히게 될 줄 알면서도 잘 판단하시도록 갖추어 올립니다.

✦**망발:** 망령이나 실수로 그릇된 말이나 행동을 함. 또는 그 말이나 행동.

✦**대전:** 임금이 거처하는 궁전.

이 상소로 보아 '박제가'는 어떤 사람일까요?	
임금께 이 상소를 올린 까닭은 무엇일까요?	

읽기 전

낱말 탐구

1 마을에서 낱말 보물찾기를 하고 있어요. 낱말의 뜻풀이를 살펴보고, 빈칸에 알맞은 글자를 보기 에서 찾아 쓰세요.

보기
왕
언
준
박
작
혹
폐

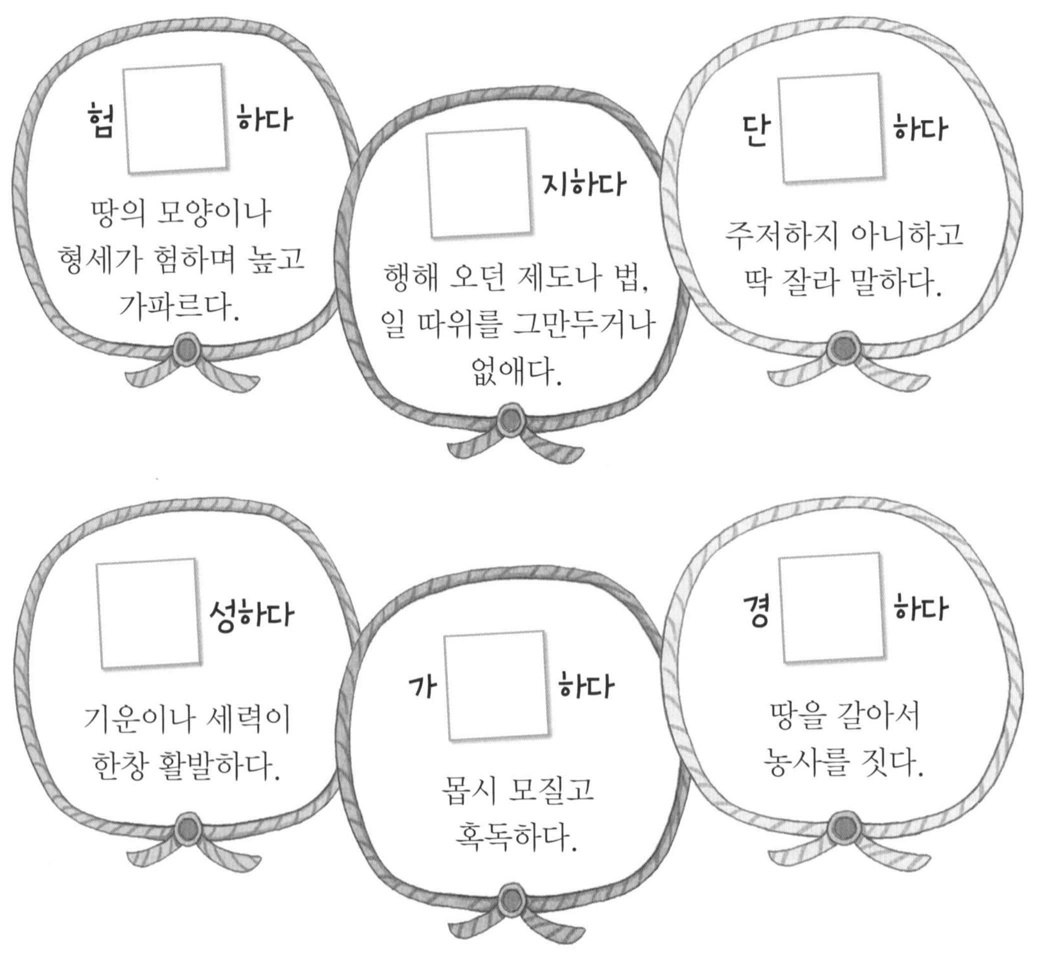

험 □ 하다
땅의 모양이나 형세가 험하며 높고 가파르다.
□ 지하다
행해 오던 제도나 법, 일 따위를 그만두거나 없애다.
단 □ 하다
주저하지 아니하고 딱 잘라 말하다.
□ 성하다
기운이나 세력이 한창 활발하다.
가 □ 하다
몹시 모질고 혹독하다.
경 □ 하다
땅을 갈아서 농사를 짓다.

2 카드의 낱말과 뜻풀이를 읽어 보고, 빈칸에 알맞은 낱말을 보기에서 찾아 쓰세요.

보기
낱말 예금 통장
풀 쇠못 신
땅 쓰레기

미투리

삼나무의 껍질로 엮어 짚신처럼 삼은 (   ).

징

신의 가죽 창이나 말굽 따위에 박는, 대가리가 크고 넓으며 길이가 짧은 (   ).

삼태기

흙이나 (   ), 거름 따위를 담아 나르는 데 쓰는 기구.

험지

다니기에 어렵고 위험한 곳이나 (   ).

검불

가느다란 마른 나뭇가지, 마른 (   ), 낙엽 따위를 통틀어 이르는 말.

읽는 중

생각 쌓기

수레와 거름이 백성들의 생활에 어떤 도움이 될지 생각하며 다음 글을 읽어 보세요.

임금님께 바치는 북학의

박제가

수레에 대한 아홉 가지 이치

① 수레는 하늘을 본받아 만들어서 땅 위를 다니는 도구이다. 수레를 이용하여 모든 것을 실을 수 있기 때문에 그 이로움이 더할 수 없을 만큼 많고 크다. 그런데 유독 우리나라만 수레를 이용하지 않고 있다. 그 까닭은 무엇인가?

사람들은 대부분 '산과 강이 험준해서 길이 없기 때문'이라고 이야기한다. 그러나 신라와 고려 이전에도 수레를 이용했으며, ✦유차달이 전차로 ✦고려 태조를 도왔다는 사실이 그 증거이다.

옛날에는 험한 길을 지나다니는 수레가 따로 있었다. 이러한 사실은 둘째 치고라도, 길이 험해서 안 된다면 수레가 지나다닐 수 있는 곳만 끌고 가면 될 것이다. 예를 들어 각 도마다 그 도에서 이용하는 수레가 있고, 각 고을마다 그 고을의 수레가 있고, 집집마다 그 집안에서 이용하는 수레가 있다면 차례로 옮겨 가며 상황에 맞게 이용하면 될 것이다. 이동하는 중간에 아주 높고 가파른 지형이 있을 경우에는 거기서만 전에 하던 방식대로 사람이 지고 나르거나 말에 실어 나르면 된다. 이렇게 한다면 그런 험지도 그리 먼 길은 아닐 것이다.

✦**유차달:** 태조 왕건이 고려를 건국하는 것을 도운 사람.

✦**고려 태조:** 고려의 제1대 왕. 성은 왕, 이름은 건.

② 수레 한 대로 천 리 길이나 만 리 길을 가는 경우는 매우 드문 일이다. 더구나 수레가 다니게 되면 길은 자연스럽게 생기게 마련이다. 동쪽의 대관령, 남쪽의 ✦조령, 북쪽의 ✦철령, 서쪽의 ✦동선령도 길을 약간만 닦는다면 수레가 지나다니지 못할 곳이 없다.

③ 지금 서울의 군대에 있는 큰 수레는 너무 무거워서 물건을 하나도 싣지 않고 빈 수레로 다녀도 소를 지치게 한다. 또 큰 나무를 사용해 만드는 바람에 수레를 끄는 소의 목덜미를 누르게 된다. 그래서 그로 인해 병들어 죽는 소도 많다. 수레를 끌던 적이 있는 소는 그 고기가 질겨 먹을 수가 없고, 그 뿔도 사용할 수가 없다. 지친 소의 피로가 독이 되어 온몸에 퍼져 있기 때문임을 짐작할 수 있다.

함경도에서는 본래부터 수레를 사용했는데, 옛날 원나라의 수레를 본떠 만들어 상당히 가볍고 빠르다.

❶ __________은/는 땅 위를 다니는 도구로, 모든 것을 실을 수 있어서 매우 이롭다.

✦**조령:** 경상북도 문경시와 충청북도 괴산군 사이에 있는 고개. 문경 새재라고도 함.

✦**철령:** 함경남도 안변군과 강원도 회양군 사이에 있는 고개.

✦**동선령:** 황해북도 서북쪽 사리원시, 황주군, 봉산군과의 분기점에 있는 고개.

준천사에는 모래를 운반하는 수레가 있다. 또 백성들이 사는 집에도 나름대로 수레를 만들기는 하는데, 모두 규격이 맞지 않는 것들이다.

수레에는 대개 사람이 타는 것과 짐을 싣는 것이 있다. 또 쓰임새에 따라 크고 작은 것, 가볍고 무거운 것, 빠르고 느린 것 따위가 있다. 이에 대해 청나라 사람들은 여러 종류의 수레를 모두 이용해 보고 깊이 연구를 해 왔다.

지금은 그저 솜씨 좋은 기술자들이 규격에 따라 만들어 내기만 하면 된다. 만약 조금이라도 규격에 맞지 않으면 수레로 인정하지 않는다.

④ 예전에 '윤여'라 불리던 이름은 수레에서 비롯된 명칭이었다. 그런데 우리나라는 수레를 이용하지 않아서 '고공'이라는 관직마저 폐지되었다. 그래서 도로와 집들이 규격에 전혀 맞지 않는다. 사람들이 수레를 이용하면서 견딜 수 없어 하는 모든 문제가 여기에서 비롯되는 것이다.

⑤ 우리나라 동서 간의 거리는 천 리이고, 남북의 거리는 그 세 배가 된다. 그 가운데 서울이 있기 때문에, 전국에서 생산된 물자들이 서울로 모여드는데 실제로 동서 오백 리, 남북 천 리를 넘지 않는다.

준천사: 조선 시대에, 서울 안의 개천을 깨끗하게 하는 일과 서울 안에 있는 산을 지키는 일을 맡아보던 관청.
규격: 일정한 규정에 들어맞는 격식.
윤여: 수레를 만드는 사람.

또 삼면이 바다로 둘러싸여 있어 바다와 가까운 지역에서는 배로 이동할 수 있다. 그렇다면 육지를 지나 장사를 하는 사람이 서울까지 오는 데 아무리 먼 곳이라도 오륙 일, 가까운 곳이라면 이삼 일이 넘지 않는다. 또 한쪽 끝에서 다른 쪽 끝까지 간다 해도 그 두 배 정도의 기간이면 될 것이다.

만일 당나라가 했던 것처럼 지방에서 ✦조세를 거두어 서울로 운반하는 일을 맡는 관청을 둔다면, 며칠 안에 각 지방의 물가를 고르게 할 수 있을 것이다. ✦두메산골에 사는 사람들은 풀명자나무의 열매를 담갔다가 된장 대신 사용하며, 새우젓이나 조개젓을 보고는 이상한 음식이라고 생각한다. 그들이 왜 이렇게 가난한 것일까?

단언하건대 그것은 수레가 없기 때문이다.

우리나라에서는 수레를 이용하지 않아서 '❷__________'(이)라는 관직이 폐지되었고, 도로와 집들이 규격에 맞지 않는다.

✦**조세:** 국가나 지방 공공 단체가 필요한 경비로 사용하기 위하여 국민으로부터 강제로 거두어들이는 금전 또는 재물.
✦**두메산골:** 도시에서 멀리 떨어져 사람이 많이 살지 않는 변두리나 깊은 곳.

전라도 전주의 상인은 처자식을 데리고 생강과 참빗을 등에 짊어진 채 걸어서 함경도나 의주까지 간다. 물건을 팔면 이익이 없는 것은 아니지만 길에서 힘을 모두 소비할 뿐 아니라 가정을 이루며 사는 즐거움을 누릴 기회가 없다. 또 원산에서 북쪽 길로는 미역과 건어물을 실은 ✦짐바리가 밤낮으로 이어지지만, 그들은 많은 이익을 남기지 못한다. 말을 먹이느라 든 비용이 매우 크기 때문이다. 그런 이유로 대관령 동쪽 지방에서는 꿀이 많이 나지만 소금이 없고, 평안도와 황해도 북쪽 지방에서는 철이 생산되지만 감이나 귤이 없다.

또 함경도에서는 삼베는 흔해도 무명은 귀하다. 산골에는 팥이 흔하고, 바닷가 마을에서는 창란젓을 지긋지긋하게 먹는다. 경상도의 옛 절에서는 질 좋은 종이가 생산되고, 청산과 보은에는 대추나무가 많으며, 서울로 가는 길목이자 한강 입구인 강화도에서는 감이 많이 난다. 백성들은 각자에게 필요한 물자를 물물교환하여 풍족하게 살고 싶어 하지만 힘이 미치지 못한다.

어떤 사람은 '말을 이용하면 되지 않느냐'라고 말한다. 그러나 말 한 필과 수레 한 대가 운반하는 양은 서로 비슷하지만 수레가 훨씬 유리하다. 끌어당기는 데 드는 힘과 싣고 다니는 고달픔은 엄청나게 다르기 때문이다. 그러므로 수레를 끄는 말은 병들지 않는다.

더군다나 대여섯 필의 말로 운반해야 하는 것을 수레 한 대로 모두 운반할 수 있으니, 몇 배의 이익이 생기는 것이다. 지금은 비록 큰 수레가 볼품없고 둔해 보이지만 소 다섯 마리가 끌면 곡식 열다섯 ✦섬을 실을 수 있다. 소 등에 실을 경우에는 한 마리에 두 섬씩 싣는다 해도 열 섬밖에 안 된다. 그러나 수레를 이용하면 삼 분의 일 정도의 이익을 더 얻게 되는 것이다.

✦ **짐바리:** 말이나 소로 실어 나르는 짐.
✦ **섬:** 곡식, 가루, 액체 따위의 부피를 잴 때 쓰는 단위. 한 섬은 약 180리터에 해당함.

⑥ 현재 고을의 수령이나 사신들은 천 리 길이든 만 리 길이든 계속 말을 타고 다닌다. 그런데 아랫사람들은 줄곧 걸어서 따라오게 한다. 또 반드시 좌우를 떠나지 못하게 하고, 걸음걸이도 빠르건 느리건 말과 똑같이 보조를 맞추게 한다. 아랫사람들은 아무리 힘들고 지쳐도 휴식을 취하지 못한다. 나라 안의 하인들과 역의 노비들이 병에 잘 걸리는 것은 이 때문이다.

예전에 작은 가마를 타고 가는 청나라 관리의 행차를 본 적이 있다. 가마는 중간을 뚫어 막대기를 가로질러 놓았다. 그리고 앞뒤로 각각 두 사람이 서서 가마를 어깨에 걸쳤는데, 옆에서 잡아주는 사람이 없어도 가마가 기울지 않았다.

그 뒤에는 말 다섯 필이 끄는 큰 수레 한 대가 따라가는데, 거기에는 열아홉 사람이 타고 있었다. 그들은 교대할 인부들이다. 오 리나 십 리 정도를 갈 때마다 인부를 교체해 주니 인부들은 휴식을 취하며 모두 왕성한 체력을 갖고 있었던 것이다.

수레가 있으면 백성들은 필요한 물자를 ❸ ______________________ 하여 풍족하게 살 수 있고, 물건이나 사람이 이동할 때에도 훨씬 유리하다.

⑦ 미투리는 백 리 길을 가면 뚫어지고 짚신은 십 리 길만 가도 닳아서 떨어진다. 미투리가 짚신 값에 비해 열 배나 비싸서 가난한 백성들은 모두 짚신을 신는다. 그래서 쉽게 닳아 버리는 짚신을 갈아 신기 바쁘다.

게다가 가죽신은 값이 미투리보다도 열 배나 비싸다. 이것은 모두 수레가 없기 때문에 생기는 나쁜 일이다. 하지만 수레를 쓴다면 모든 백성에게 나막신을 신기고 거기에 징을 박아 단단하게 만드는 것과 같은 셈이 될 것이다.

⑧ 청나라로 가는 서쪽 길에 있는 각 고을 관리들에게, 해마다 있는 사신 행차에 쓸 수레를 몇 대씩 청나라에서 구입하도록 해야 한다. 그리하여 각 역에서 사신을 맞이하고 보내는 데 이용하게 하고, 백성들도 자세히 볼 수 있게 해야 한다. 또한 마부 몇 명을 말몰이꾼으로 삼으면 수레에 대해 많은 것을 배울 수 있을 것이다.

⑨ 우리나라에는 산이 많기 때문에 수레를 만드는 데 필요한 목재를 쉽게 구할 수 있다. 그러나 목재를 땔감이나 숯을 굽는 일 외에는 달리 이용할 줄 모른다. 갖고 있는 보물을 버려두고 목재가 없다 걱정하고 있으니 이 무슨 노릇인가?

곰곰이 생각해 보니 수레를 만드는 이치가 마치 ✦천지조화와 같다.

✦ **천지조화:** 하늘과 땅이 일으키는 여러 가지 신비로운 조화.

거름에 대한 다섯 가지 이치

① 청나라에서는 똥을 금처럼 아낀다. 길에는 버려진 재가 없다. 말이 지나가면 삼태기를 들고 따라가며 그 똥을 줍는다. 심지어 나귀나 말의 오줌이 스며든 흙까지 파 간다. 길가에 사는 백성들은 날마다 광주리와 작은 쇠스랑을 가지고 모래 틈에서 말똥을 골라낸다. 워낙 많은 사람이 똥을 주우니 많이 모을 수도 없다. 처음에는 이런 행동을 어리석은 짓이라고 비웃었다. 튼튼하고 기운이 좋은 남자가 하루 종일 말똥을 주워도 두 말을 못 채우기 때문이다.

그러나 이같은 행동을 하는 까닭을 곰곰이 생각해 보니 그것이 있으면 다음 해에 곡식 한 말을 더 수확할 수 있는 것이었다. 매일 모으면 날마다 곡식 한 말을 더 얻게 되는 것이니 상당한 양이 아니겠는가?

또한 밭농사를 하는 집은 문 앞에 수수깡과 잡초를 죽 펴 놓았다. 소나 말, 수레가 밟고 지나가고 눈과 비에 젖게 했다가 따로 쌓아서 썩힌다. 이것이 시커멓게 되면 자주 뒤집어서 거름으로 만든다. 대부분 네모 반듯하게 쌓는데, 어떤 것은 세모꼴이나 여섯모꼴로 쌓아 마치 큰 탑과 같은 모습이 된다.

또 그 밑을 파고 항아리를 묻어 거름의 ✦앙금을 담는다. 거름의 앙금이 담긴 항아리에 똥을 탄 다음 막대기로 휘저으면 덩어리가 풀려 묽은 죽같이 된다.

여름 한낮에 긴 자루가 달린 박으로 그것을 퍼서 모래밭에 덮어 놓으면 뜨거운 모래에 바짝 말라 곧 동글납작하게 된다. 겉보기에는 붉은색 떡과 별 차이가 없는데, 이것을 부수어서 가루로 만들었다가 채소밭에 쓰는 것이다.

청나라의 농사를 짓는 집에서 똥을 줍거나 수수깡과 잡초를 썩히는 까닭은 ❹ ______________(으)로 만들기 위해서이다.

✦**앙금:** 녹말 따위의 아주 잘고 부드러운 가루가 물에 가라앉아 생긴 층.

② 물질을 이용해 뚜렷한 효과를 볼 수 있는 것으로는 밭에 거름을 주는 것만 한 것이 없다. 장자가 "썩어 냄새나는 것이 새롭고 신기한 것으로 변한다."라고 말한 것이 바로 이것이다.

오늘날 도성 안 대부분의 집이 더럽고 지저분하다. 수레가 없어서 똥을 퍼 가지 못하기 때문이다. 퍼 간다 해도 기껏해야 병든 말을 이용할 뿐이어서 많아야 수십 근 정도도 안 된다.

마지못해 짚으로 엉성하게 얽은 망태기에다 거리의 지푸라기나 검불 따위를 주워 담기는 한다. 이것을 진흙에 섞어 놓을 뿐 진짜 거름이 될 만한 것은 버린다. 이것이야말로 '한 가지만 건지고 만 가지는 새어 나가는' 꼴이다.

짚과 검불은 성질이 엉성해 흙에 섞어도 서로 엉겨 붙지 않는다. 또 덜 썩은 똥은 고르게 섞이지 않아 씨앗에 붙기라도 하면 오히려 해롭다.

또 겨울에는 쌓아 놓은 거름 더미 주위에 ✦배수로를 파야 하는데, 그러지 않아 눈이나 비가 오면 거름의 기름진 것이 씻겨 나가 버린다. 결국 있는 힘을 다해서 밭에 실어 내는 것은 찌꺼기뿐이다.

더구나 오줌은 받는 그릇조차 없다. 보리농사를 하는 시골집에서는 깨진 여물통에 오줌을 받는데 모이는 것이 반이고 넘치는 것이 반이다. 서울에서는 날마다 뜰이나 거리에 오줌을 내버려서 우물물이 모두 짜다.

또 냇가 다리나 ✦축대 주변에는 똥이 더덕더덕 말라붙어 있어서 큰 장마가 아니면 잘 씻기지도 않는다.

또한 가축의 배설물 탓에 버선이 더러워지는 일도 ✦다반사다. 논밭을 제대로 관리하지 않는다는 것을 이로써도 알 수 있다.

✦**배수로:** 물이 빠져나갈 수 있도록 만든 길.
✦**축대:** 높이 쌓아올린 벽이나 자리.
✦**다반사:** 차를 마시고 밥을 먹는 일이라는 뜻으로, 보통 있는 예사로운 일을 이르는 말.

똥과 마찬가지로 거름에 쓰이는 재도 모두 길거리에 버려서 바람이 조금만 불어도 눈을 뜰 수가 없다. 또 이것이 이리저리 흩날려서 모든 집의 술과 밥을 더럽게 만들기도 한다. 옛날 중국 진나라에서는 재를 버리는 자를 법에 따라 사형에 처했다. 가혹한 법이긴 하지만 그 참뜻은 농사에 힘쓰라는 것이다.

③ 삼천 평의 땅을 경작하는 집이라면 소 두 마리는 길러야 하고 수레 한 채도 있어야 한다. 또 수레에는 반드시 짐을 실을 상자가 있어야 한다. 이 상자는 버드나무 가지로 큰 광주리만 하게 만들어야 한다. 상자 안쪽에다 종이를 바르고 물이 새지 못하게 기름에 재를 섞은 유회를 먹인 다음 여기에 오줌을 담아 날라야 한다. 청나라에서는 기름이나 술도 모두 이 상자에 싣는다.

④ 대략 한 사람이 하루에 배설하는 똥오줌이면 하루 먹을 곡식은 넉넉히 생산할 수 있다. 따라서 백만 섬의 똥을 버리는 것은 곧 곡식 백만 섬을 버리는 것과 같으므로 똥오줌을 함부로 버리지 말아야 한다.

⑤ 요즘 논농사를 하는 자는 막 딴 참나무 잎을 논바닥에 깐다. 그러나 완전히 썩지 않아서 그해에는 거름으로 아무런 효과가 없다. 옛날 방법에 녹두를 심어서 그것이 무성해진 뒤 갈아엎으면 똥오줌보다 낫다는데 그것도 한 방법일 것이다. 오래된 도랑의 검게 썩은 흙도 똥오줌 대신 이용할 만하다. 그러나 그것도 수레를 운행한 다음의 일이다.

한줄톡! 한 사람이 하루에 배설하는 똥오줌이면 하루 먹을 ❺ ______________ 은/는 넉넉히 생산할 수 있으므로 농사에 쓸 거름을 모으기 위해서라도 수레를 이용해야 한다.

✦ **유회:** 기름, 재, 솜을 섞어서 만든 물건. 창살에 유리를 끼울 때나 목재의 구멍을 메울 때에 씀.

글을 읽고, 물음에 답해 보세요.

1 **우리나라에서 수레를 이용하지 않는 까닭은 무엇인가요? (   )**

① 수레를 끌 만한 사람이 없어서
② 수레의 재료가 되는 나무를 쉽게 구할 수 없어서
③ 사람들이 산과 강이 험해서 길이 없기 때문이라고 생각해서
④ 수레를 끌기 위해 소가 필요한데 소를 살 능력이 되지 못해서

2 **수레에 대한 설명으로 알맞은 것을 두 가지 고르세요. (   )**

① 수레는 대개 짐을 싣는 것만을 가리킨다.
② 규격에 맞지 않아도 사람들의 생활에 도움이 되면 수레로 인정한다.
③ 말 한 필로 짐을 운반하는 것보다 수레 한 대로 운반하는 것이 더 낫다.
④ 수레는 쓰임새에 따라 크고 작은 것, 가볍고 무거운 것, 빠르고 느린 것 등이 있다.

3 **두메산골의 사람들이 왜 새우젓을 보고 이상한 물건이라고 생각했을지 알맞게 짐작한 친구의 이름을 쓰세요.**

하늘: 새우가 맛없다고 생각했기 때문이야.
수창: 새우젓의 냄새가 너무 지독했기 때문이야.
준수: 새우젓을 본 적도 먹어 본 적도 없기 때문이야.

✎ ____________

4 **다음은 박제가의 생각을 정리한 것입니다. 빈칸에 알맞은 말을 쓰세요.**

(   )을/를 이용해 필요한 물자를 물물교환하면 백성들이 풍족하게 살 수 있다.

5 박제가는 왜 우리나라에서 수레를 만들어 이용해야 한다고 했는지 모두 고르세요.

㉮ 산이 많아 수레를 만들 목재가 넉넉하다.
㉯ 수레를 만들면 많은 사람들에게 직업이 생긴다.
㉰ 수레가 있으면 여러 가지 용도로 유용하게 쓸 수 있다.

✎ ____________

6 박제가가 청나라에서 본 모습이 아닌 것에 ○표 하세요.

(1) 사람들이 길을 다니며 말똥을 줍는다. (　　　)
(2) 밭농사를 짓는 집은 문 앞에 수수깡과 잡초를 펴 놓고 말린다. (　　　)
(3) 재를 모두 길거리에 버려서 모든 집의 술과 밥을 더럽게 만든다. (　　　)

7 우리나라에서는 거름을 어떻게 만들었는지 빈칸에 알맞은 말을 쓰세요.

짚으로 엉성하게 엮은 망태기에 거리의 (　　　　　　　　)나 검불을 주워 담아 진흙에 섞어 놓는다.

8 똥을 버리는 것은 왜 곡식을 버리는 것과 같다고 했나요? (　　　)

① 똥에 있는 독이 곡식에 해가 되서
② 배설물 때문에 농사를 짓기 어려워서
③ 우리가 먹을 곡식이 자라게 될 밭을 더럽히는 일이어서
④ 사람이 하루에 배설하는 똥오줌이면 하루 먹을 곡식은 넉넉히 생산할 수 있어서

읽은 후

생각 정리

1 『임금님께 바치는 북학의』의 내용을 생각하며 박제가가 설명한 수레와 거름에 대한 이치를 정리해 보세요.

수레에 대한 아홉 가지 이치

① 수레는 모든 것을 실을 수 있어 이로움이 많고 크므로, 이용할 수 있는 곳은 지나다니게 해야 한다.

② 수레가 다니게 되면 길은 자연스럽게 생기게 마련이다.

③

④

⑤ 수레를 이용하면 물물교환이 가능해 백성들의 생활이 풍족해진다.

⑥ 행차할 때에도 수레를 이용하면 하인들과 노비들은 휴식을 취하며 왕성한 체력을 유지할 수 있다.

⑦ 수레를 쓴다면 모든 백성에게 나막신을 신기고 거기에 징을 박는 셈이 될 것이다.

⑧ 청나라에서 수레를 구입하면 수레에 대해 많은 것을 배울 수 있다.

⑨

거름에 대한 다섯 가지 이치

사또께서 거름에
대한 이치를 일러
주겠다 하신다!

① 똥을 금처럼 아껴야 한다. 왜냐하면 똥을 거두어 거름으로 쓰면, 다음 해 그 똥만큼 곡식을 더 수확할 수 있기 때문이다.

② 수레로 똥오줌을 거두어야 한다. 똥오줌을 함부로 버려 우물물은 짜고 길거리는 더러우며, 다리나 축대 주변에 버려진 똥은 잘 씻기지도 않는다.

③ ______________________________

____

수레에 짐을 실을 광주리만 한 상자를 만들어 거기에 오줌을 담아 날라야 한다.

④ ______________________________

____

한 사람이 하루에 배설하는 똥오줌이면 하루 먹을 곡식은 넉넉히 생산할 수 있다.

⑤ 똥오줌을 대신할 거름이 있으나, 모두 거름으로 이용하기 위해서는 수레를 먼저 운행해야 한다.

읽은 후

생각 넓히기

1 만일 박제가의 생각대로 된다면 나라와 백성들에게 어떤 이로움이 생길까요? 다음 인물들의 입장이 되어 좋은 점이 무엇일지 상상하여 쓰세요.

•••

수레와 거름에 대해 설명한 내용을 떠올려, 각각의 인물들에게 어떤 이익을 줄지 생각해 보세요.

네 말이 옳구나.
그에 따라 시행토록 하라!
성은이 망극하나이다.
전하!

하인(인부)

- 수레를 타고 이동할 수 있어 건강해진다.
-

보부상

- 가정을 이루며 사는 즐거움을 누리게 된다.
-

농민

-
-

나라

-
-

2 **박제가의 상소를 옳다고 여겨 임금님이 박제가의 뜻대로 한다면 어떤 교지를 내릴까요? 내가 임금님이라고 생각하고 교지를 완성해 보세요.**

박제가는 청나라처럼 우리나라에서도 수레를 이용해야 한다고 했고, 집집마다 거름을 하찮게 여기지 말고 모아서 농사에 이용하라고 했어요.

옛날에 임금이 내렸던 명령을 교지라고 하느니라.

교지

① '고공'이란 관직을 다시 두어 ______________________

② 지방에서 조세를 거두어 서울로 운반하는 일을 맡는 ______________________

③ 고을 수령이나 사신이 행차할 때에는 ______________________

④ 똥오줌을 함부로 ______________________

⑤ 삼천 평 이상 땅을 경작하는 집에는 반드시 ______________________

3 **다음과 같은 운송 수단이 사라진다면 어떤 일이 일어날까요? 산업마다 어떤 일이 벌어질지 상상하여 쓰세요.**

건설업에서 크레인은 물건을 들어올려서 운반할 때, 농업에서 경운기는 농사일을 돕거나 운반 수단으로, 상업에서 택배차는 물건을 옮길 때 사용해요.

▲ 크레인

▲ 경운기

▲ 택배차

4 우리나라가 다른 나라보다 특별하거나 우수한 점은 무엇일까요? 우리나라의 장점을 떠올려 쓰세요.

우리나라가 잘하는 것이나 자랑하고 싶은 것을 떠올려 보세요.

문화, 경제, 사회 분야 등에서 우리나라가 다른 나라보다 우수하거나 특별하다고 느끼는 점을 생각해 봐.

우리나라가 다른 나라보다 특별하거나 우수한 점

우리나라는 인터넷 속도가 빠르다.

세상을 바꾼 수레

수레는 바퀴를 달아 굴러가게 만든 기구로, 사람이 타기도 하고 짐을 싣기도 합니다. 축에 설치한 둥근 바퀴와 축의 회전 운동으로 사람이나 물건을 쉽게 운반해 줍니다. 옛날에는 '술위'라고 했으며, 사람이 끄는 수레는 '손수레', 소나 말이 끄는 수레는 '달구지'라고 불렀습니다. 우리나라에서는 기록으로 남아 있지는 않지만 신라나 가야의 무덤에서 수레 모양의 토기가 출토되고 있어서 일찍부터 사용되었으리라고 추측하고 있습니다.

수레가 언제 발명되었는지는 잘 알 수 없으나 수레의 등장으로 물자의 이동이 빨라졌고, 사람들의 이동 시간이 줄어들게 되어 도시의 발달에도 큰 도움이 되었습니다. 전쟁에 사용되는 수레는 '병거'로 불렸는데 빠른 기동성 때문에 상대방에게 두려움의 대상이 되기도 했습니다. 수레의 등장은 전쟁의 ✦양상을 바꾸는데도 큰 역할을 했습니다.

수레가 널리 사용된 대표적인 나라로는 로마, 중국 등이 있습니다. 로마는 대제국을 유지하기 위해 엄청난 도로를 뚫었고, 그 도로 위에 전쟁 때 쓰는 전차를 탄 병사들이 다녔습니다. 튼튼하고 넓은 도로와 광대한 도로망 덕분에 로마의 도로를 달리는 전차와 마차의 속도는 점차 빨라졌습니다. 또 로마는 대전차 경기장을 만들어 시민들의 오락을 위한 전차 경기를 열기도 했습니다. 로마가 대제국을 유지한 비결은 도로와 그에 따른 수레의 활용이었습니다.

▲ 로마 시대 전차 경기에 쓰였던 수레

이처럼 수레의 등장은 거대 국가 건설에도 큰 역할을 했으니, 인류의 삶을 가장 크게 변화시킨 물건이라고 해도 과언이 아닐 것입니다.

✦ **양상:** 사물이나 현상의 모양이나 상태.

이런 책도 있어요

박진희, 『바퀴는 달린다』, 길벗, 2006
안선모, 『죽을 똥 살 똥』, 내일을 여는 책, 2018
송은명, 『어영차, 수레바퀴』, 한국톨스토이, 2014

자유롭게 생각해 봐요! 창의력 테스트

[난이도 : 상 중 하]

★ 아메리카 대륙의 원주민이던 인디언들은 아름답고 긴 이름으로 서로를 부른답니다. 예를 들어, 잘 우는 사람에게는 '눈물이 마르지 않는 사나이'라고 부르지요. 자신의 특징을 잘 나타낼 수 있는 인디언식 이름을 생각해 보고, 왜 그런 이름을 지었는지 까닭도 써 보세요.

나의 인디언식 이름은

------------------------ 이다.

나는 ------------------------

------------------------ 때문이다.

• 정답은 가이드북 13쪽을 확인하세요.

4주

수필 인문, 철학

독서논술계획표

다음 단계에 맞게 공부한 날짜를 쓰세요.

읽기 전		
생각 열기	월	일
낱말 탐구	월	일

읽는 중		
생각 쌓기	월	일
내용 확인	월	일

읽은 후		
생각 정리	월	일
생각 넓히기	월	일

독서노트	월	일

어린이 찬미

방정환

※ 『어린이 찬미』는 어린이날을 만든 아동 문학가 방정환의 대표적인 수필 작품입니다.

읽기 전

생각 열기

1 어느 헌장의 일부가 빠져 있어요. 빠진 부분에 공통으로 들어갈 수 있는 하나의 낱말을 생각하여 빈칸에 쓰세요.

●●●
헌장의 내용을 보면서 앞날을 이어 나갈 새 사람이 누구일지 짐작해 보세요.

'헌장'이란 어떤 약속을 실제로 행하는 데 있어 따르고 지키기로 정한 규칙 같은 거야!

( ) 헌장

대한민국 ( ) 헌장은 ( )날의 참뜻을 바탕으로 하여, 모든 ( )가 차별 없이 인간으로서의 존엄성을 지니고, 나라의 앞날을 이어 나갈 새 사람으로 존중되며, 바르고 아름답고 씩씩하게 자라도록 함을 길잡이로 삼는다.

1. ( )는 건전하게 태어나 따뜻한 가정에서 사랑 속에 자라야 한다.

…

7. ( )는 자연과 예술을 사랑하고 과학을 탐구하는 마음과 태도를 길러야 한다.

…

11. ( )는 우리의 내일이며 소망이다. 겨레의 앞날을 짊어질 한국인으로, 인류의 평화에 이바지할 수 있는 세계인으로 키워야 한다.

( )

2 어린이와 어른의 다른 점은 무엇인지 생각해 보고, 빈칸에 알맞게 쓰세요.

•••
어른의 얼굴, 말과 행동, 마음, 사는 모습을 생각해 보고, 어린이와 어떻게 다른지 비교해 보세요.

어린이	구분	어른
작다.	몸	크다.
적다.	나이	많다.
	얼굴	
	말과 행동	
	마음	
	사는 모습	

읽기 전 ㄱ ㅎ

낱말 탐구

1 다음 뜻풀이를 살펴보고, 문장에 알맞은 낱말을 찾아 ○표 하세요.

말이나 글 따위로 사람이나 사물의 모양을 나타냄.

마을 뒷산의 가을 단풍은 말로는 형용 형사 형벌 할 수 없을 정도로 아름답다.

친밀히 사랑함. 또는 그 사랑.

친정 친숙 친애 하는 국민 여러분, 희망을 가지며 삽시다!

여럿이 한데 뒤섞이어 어수선함.

건물에서 쏟아져 나오는 사람들로 거리가 혼합 혼잡 혼인 했다.

서로 다른 것이 같아짐.

할머니의 이야기를 들을 때마다 나는 이야기에 동화 동반 동결 되는 것 같다.

기분, 분위기 따위가 어둡고 스산하며 우울함.

하늘에 구름이 잔뜩 낀 것을 보니 음모 음울 음해 한 느낌이 들었다.

성질이나 됨됨이가 속되지 아니하고 훌륭하고 깨끗함.

우리 선생님은 고생 고민 고결 한 성품 때문에 많은 사람에게 존경을 받는다.

2 낱말과 뜻풀이를 살펴보고, 빈칸에 알맞은 낱말을 보기에서 찾아 쓰세요.

보기: 평등 획책 순수 지금 환희 칭찬

( ) 매우 기뻐함. 또는 큰 기쁨.

종래: 일정한 때를 기준으로 이전부터 ( ) 까지에 이름.

( ) 어떤 일을 꾸미거나 꾀함. 또는 그런 꾀.

박애: 모든 사람을 ( ) 하게 사랑함.

찬미: 아름답고 훌륭한 것 따위를 기리어 ( ) 함.

순화: 깨끗하지 못한 것을 없애 ( ) 하게 함.

읽는 중 생각 쌓기

어린이에 대해 한없이 칭찬하는 내용이 무엇인지 생각하며 다음 글을 읽어 보세요.

어린이 찬미

방정환

1

어린이가 잠을 잔다. 내 무릎 앞에 편안히 누워서 낮잠을 자고 있다. 볕 좋은 첫 여름 조용한 오후다.

고요하다는 고요한 것을 모두 모아서 그중 고요한 것만을 골라 가진 것이 어린이의 자는 얼굴이다. 평화라는 평화 중에 그중 훌륭한 평화만을 골라 가진 것이 어린이의 자는 얼굴이다. 아니 그래도 나는 이 고요한, 자는 얼굴을 잘 말하지 못하였다. 이 세상의 고요하다는 고요한 것은 모두 이 얼굴에서 우러나는 것 같고, 이 세상의 평화라는 평화는 모두 이 얼굴에서 우러나는 듯싶게 어린이의 잠자는 얼굴은 고요하고 평화스럽다.

고운 나비의 날개, 비단 같은 꽃잎, 아니 아니, 이 세상에 곱고 보드랍다는 아무 것으로도 형용할 수가 없이 보드랍고 고운, 이 자는 얼굴을 들여다 보라.

그 서늘한 두 눈을 가볍게 감고 이렇게 귀를 기울여야 들릴 만치 가늘게 코를 골면서 편안히 잠자는 이 좋은 얼굴을 들여다보라. 우리가 종래에 생각해 오던 하느님의 얼굴을 여기서 발견하게 된다.

어느 구석에 먼지만큼이나 더러운 티가 있느냐?

어느 곳에 우리가 싫어할 한 가지 반 가지라도 있느냐?

죄 많은 세상에 나서 죄를 모르고, 부처보다도 예수보다도 하늘 뜻 그대로의 산 하느님이 아니고 무엇이랴!

아무 꾀도 갖지 않는다. 아무 획책도 모른다.

배고프면 먹을 것을 찾고, 먹어서 배부르면 웃고 즐긴다. 싫으면 찡그리고, 아프면 울고, 거기에 무슨 꾸밈이 있느냐?

시퍼런 칼을 들고 협박하여도, 맞아서 아프기 전까지는 벙글벙글 웃으며 대하는 것이다. 이 넓은 세상에 오직 ✦이이가 있을 뿐이다.

오오! 어린이는 지금 내 무릎 위에서 잠을 잔다. 더할 수 없는 참됨과 더할 수 없는 착함과 더할 수 없는 아름다움을 갖추고, 그 위에 또 위대한 창조의 힘까지 갖추어 가진, 어린 하느님이 편안하게도 고요한 잠을 잔다. 옆에서 보는 사람의 마음까지, 생각이 다른 혼잡하고 더러운 곳에 미칠 틈을 주지 않고 고결하게 순화시켜 준다. 사랑스럽고 부드러운 위엄을 가지고 곱게 순화시켜 준다.

나는 지금 성당에 들어갔을 때보다도 경건한 마음으로 모든 것을 잊어버리고, 사랑스러운 하느님의 자는 얼굴에 예배하고 있다.

어린이는 보는 사람의 마음을 고결하게 ❶ ________ 시켜 준다.

✦ **이이:** '이 사람'을 조금 높여 이르는 삼인칭 대명사.

2

어린이는 복되다!

이때까지 모든 사람들은 하느님이 우리에게 복을 준다고 믿어 왔다. 그 복을 많이 가져온 이가 어린이다. 그래, 그 한없이 많이 가지고 온 복을 우리에게도 나누어 준다. 어린이는 순 복덩어리다.

마른 잔디에 새 풀이 나고, 나뭇가지에 새 움[✦]이 돋는다고, 제일 먼저 기뻐 날뛰는 이도 어린이다. 봄이 왔다고 종달새와 함께 노래하는 이도 어린이고, 꽃이 피었다고 나비와 함께 춤을 추는 이도 어린이다. 별을 보고 좋아하고, 달을 보고 노래하는 이도 어린이요, 눈이 온다고 기뻐 날뛰는 이도 어린이다. 산을 좋아하고, 바다를 사랑하고, 큰 자연의 모든 것을 골고루 좋아하고, 진정으로 친애하는 이가 어린이요, 태양과 함께 춤추며 사는 이가 어린이다.

[✦] **움:** 풀이나 나무에 새로 돋아 나오는 싹.

그들에게는 모든 것이 기쁨이요, 모든 것이 사랑이요, 또 모든 것이 친한 동무다. 자비와 평등과 박애와 환희와 행복과 이 세상 모든 아름다운 것만 한없이 많이 가지고 사는 이가 어린이다. 어린이의 살림, 그것 그대로가 하늘의 뜻이다.

우리에게 주는 하늘의 계시다.

3

어린이의 살림에 친근할 수 있는 사람, 어린이 살림을 자주 들여다볼 수 있는 사람—배울 수 있는 사람—은 그만큼의 행복을 얻을 것이다.

어린이와 얼굴을 마주 대하고는 찡그리는 얼굴, 성낸 얼굴, 슬픈 얼굴을 지을 수 없다. 아무리 성질이 곱지 못한 사람일지라도, 어린이와 얼굴을 마주하고는 험상궂은 얼굴을 못 가질 것이다.

자비, 평등, 박애, 환희, 행복을 가지고 사는 어린이와 친근하고, 어린이에게 그것을 배울 수 있는 사람은 ❷________을/를 얻을 수 있다.

✦**자비:** 남을 깊이 사랑하고 가엾게 여김. 또는 그렇게 여겨서 베푸는 혜택.

어린이와 마주 앉을 때–적어도 그 잠깐 동안은 모르는 중에 마음의 세례를 받고, 평상시에 가져 보지 못하던 미소를 띤 부드러운 얼굴을 갖게 된다. 잠깐 동안일망정 그동안 순화된다. 깨끗해진다. 어떻게 해서든지 우리는 그 순화되는 동안을 자주 가지고 싶다.

하루라도 3천 가지 마음 지저분한 세상에서, 우리의 맑고도 착하던 마음은 얼마나 쉽게 굽어 가려고 하는가? 그러나 때로 은방울을 흔들면서 참됨이 있으리라고 일깨워 주고 지시해 주는 어린이의 소리와 행동은 우리에게 큰 ✦구제의 길이 되는 것이다.

우리가 피곤한 몸으로 일에 절망하고 늘어질 때에, 어둠에 빛나는 ✦광명의 빛깔이 우리 가슴에 한줄기 빛을 던지고, 새로운 ✦원기와 위안을 주는 것도 어린이만이 가진 ✦존귀한 힘이다.

✦**구제:** 자연적인 재해나 사회적인 피해를 당하여 어려운 처지에 있는 사람을 도와줌.
✦**광명:** 밝고 환함. 또는 밝은 미래나 희망을 상징하는 밝고 환한 빛.
✦**원기:** 마음과 몸의 활동력.
✦**존귀한:** 지위나 신분이 높고 귀한.

어린이는 슬픔을 모른다. 근심을 모른다. 그리고 음울한 것을 싫어한다. 어느 때 보아도 유쾌하고 마음 편하게 논다. 아무 데를 건드려도 한없이 가진 기쁨과 행복이 쏟아져 나온다. 기쁨으로 살고, 기쁨으로 놀고, 기쁨으로 커 간다. 뻗어 나가는 힘! 뛰노는 생명의 힘! 그것이 어린이다. 온 인류의 진화와 향상도 여기에 있는 것이다.

어린이에게서 기쁨을 빼앗고, 어린이 얼굴에다 슬픈 빛을 지어 주는 사람이 있다 하면 그보다 더 불행한 사람은 없을 것이요, 그보다 더 큰 죄인은 없을 것이다. 어린이의 기쁨을 상해 주어서는 못쓴다. 그럴 권리도 없고, 그럴 자격도 없건마는……. 무지한 사람들이 얼마나 많이 어린이들의 얼굴에 슬픈 빛을 지어 주었느냐?

어린이들의 기쁨을 찾아 주어야 한다. 어린이들의 기쁨을 찾아 주어야 한다.

우리의 가슴에 한줄기 빛을 던지고 새로운 원기와 ❸ ______ 을/를 주는 것도 어린이만이 가진 존귀한 힘이다.

어린이는 아래의 세 가지 세상에서 온갖 것을 미화시킨다.

이야기 세상, 노래의 세상, 그림의 세상.

어린이 나라에 세 가지 예술이 있다. 어린이들은 아무리 엄격한 현실이라도, 그것을 이야기로 본다. 그래서 평범한 일도 어린이의 세상에서는 그것이 예술화하여 찬란한 아름다움과 흥미를 더하여 가지고 어린이 머릿속에 다시 전개된다. 그래, 항상 이 세상 모든 것을 아름답게 본다.

어린이들은 또 실제에 경험하지 못한 일을 아름답게 본다. 어린이들은 또 실제에 경험하지 못한 일을 이야기 세상에서 훌륭히 경험한다. 어머니와 할머니 무릎에 앉아서 재미있는 이야기를 들을 때, 그는 아주 이야기에 동화해 버려서, 이야기 세상 속에 들어가서 이야기에 따라 왕자도 되고, 고아도 되고, 또 나비도 되고, 새도 된다. 그렇게 해서 어린이들은 자기의 가진 행복을 더 늘려 가고, 기쁨을 더 늘려 가는 것이다.

어린이는 모두 시인이다. 본 것, 느낀 것을 그대로 노래하는 시인이다. 고운 마음을 가지고 어여쁜 눈을 가지고 아름답게 보고 느낀 그것이 아름다운 말로 굴러 나올 때, 나오는 모든 것이 시가 되고, 노래가 된다.

여름날 성한 나무숲이 바람에 흔들리는 것을 보고, 바람의 어머니가 아들을 보내어 나무를 흔든다 하는 것도 그대로 시요, ✦오색찬란한 무지개를 보고, 하느님 따님이 오르내리는 다리라고 하는 것도 그대로 시다.

개인 밤, 밝은 달의 검은 점을 보고는,

저기 저기 저 달 속에
계수나무 박혔으니
금도끼로 찍어 내고
옥도끼로 다듬어서
✦초가삼간 집을 짓고
천년만년 살고 지고.

고운 소리를 높이어 이렇게 노래를 부른다. 밝디 밝은 달님 속에 계수나무를 금도끼, 옥도끼로 찍어 내고 다듬어서 초가삼간 집을 짓자는 생각이 얼마나 곱고 어여쁜 생활의 소지자이냐?

고운 마음, 어여쁜 눈을 가지고 아름답게 보고 느낀 것을 아름다운 말로 노래하는 어린이는 모두 ❹ ______ (이)다.

✦**오색찬란한:** 여러 가지 빛깔이 한데 어울려 아름답게 빛난.
✦**초가삼간:** 세 칸밖에 안 되는 초가라는 뜻으로, 아주 작은 집을 이르는 말.

새야 새야 파랑새야
녹두밭에 앉지 마라.
녹두꽃이 떨어지면
청포 장수 울고 간다.

이러한 고운 소리를 기꺼운 마음으로 소리 높여 부를 때, 그들의 고운 넋이 얼마나 아름답게 우쭐우쭐 자라 갈 것이랴? 위의 두 가지 노래는 어린이 자신의 속에서 우러나온 것이 아니고, 큰 사람이 지은 것일지도 모른다. 그러나 몇 해 몇 십 년 동안 어린이들의 나라에서 불러 내려서, 어린이의 것이 되어 내려온 거기에 그 노래에 스며든 어린이의 생각, 어린이의 살림, 어린이의 넋을 볼 수 있는 것이다.

어린이는 그림을 좋아한다. 그리고 또 그리기를 좋아한다. 조금도 기교가 없는 순진한 예술을 낳는다.

어른의 상투를 재미있게 보았을 때, 어린이는 몸뚱이보다 큰 상투를 그려 놓는다.

순사의 칼을 이상하게 보았을 때, 어린이는 순사보다 더 큰 칼을 그려 놓는다.

얼마나 솔직한 표현이냐? 얼마나 순진한 예술이냐?

지나간 해 여름이다. 서울 천도교당에 여섯 살 된 어린이에게 이 집 교당(내부 전체를 가리키면서)을 그려 보라고 한 일이 있었다. 어린이는 서슴지 않고 종이와 붓을 받아들더니, 거침없이 네모반듯한 사각 하나를 큼직하게 그려서 나에게 내밀었다.

얼마나 놀라운 일이냐? 그 어린 동무가 그 큰 집에 들어앉아서 그 집을 보기에는, 크고 네모반듯한 넓은 집이라고밖에 더 달리 복잡하게 보지 않은 것이었다. 얼마나 순진스럽고 솔직한 표현이냐? 거기에 아직 더럽혀지지 아니한, ✦이윽고는 큰 예술을 낳을 무섭고 참된 힘이 숨겨져 있다고 나는 믿는다.

한 포기 풀을 그릴 때, 어린 예술가는 연필을 잡고 거리낌 없이 쭉쭉 풀 줄기를 그린다. 그러나 한번에 쭉 내어 그은 그 선이 얼마나 복잡하고 묘하게 자상한 설명을 주는지 모른다.

위대한 예술을 품고 있는 어린이여! 어떻게도 이렇게 자유로운 행복만을 갖추어 가졌느냐?

어린이는 복되다. 어린이는 복되다. ✦한이 없는 복을 가진 어린이를 찬미하는 동시에, 나는 어린이 나라에 가깝게 있을 수 있는 것에 한없이 감사한다.

어린이의 노래에서 노래에 스며든 어린이의 생각, 어린이의 살림, 어린이의 ❺ ______ 을/를 엿볼 수 있다.

✦ **이윽고:** 얼마 있다가. 또는 얼마쯤 시간이 흐른 뒤에.

✦ **한:** (주로 '없다', '있다'와 함께 쓰여) 시간, 공간, 수량, 정도 따위의 끝을 나타내는 말.

글을 읽고, 물음에 답해 보세요.

1 **이 글에서 고요한 것 중의 고요한 것이 무엇이라고 했나요? (　　　　)**

① 깜깜한 밤　　② 학교 도서관
③ 시험 보는 교실　　④ 어린이의 자는 얼굴

2 **다음 설명이 이 글의 내용과 맞으면 ○표, 틀리면 ×표 하세요.**

(1) 어린이는 복덩어리다. (　　　　)
(2) 하느님이 준 복을 많이 가지고 온 이가 어른이다. (　　　　)
(3) 모든 사람들은 하느님이 우리에게 복을 준다고 믿어 왔다. (　　　　)

3 **어린이와 얼굴을 마주 대하고 지을 수 있는 표정으로 알맞은 것에 ○표 하세요.**

(1)

(　　　　)

(2)

(　　　　)

(3)

(　　　　)

4 **이 글에서 말한 어린이에 대한 설명으로 알맞지 않은 것의 기호를 쓰세요.**

㉮ 어린이는 음울한 것을 싫어한다.
㉯ 어린이는 항상 위안을 받고 싶어 한다.
㉰ 어린이는 슬픔을 모르고 근심을 모른다.

5 어린이들은 세 가지 세상에서 온갖 것을 미화시킨다고 했는데 그것이 무엇인지 쓰세요.

(1) (　　　　　　　　　　)의 세상
(2) (　　　　　　　　　　)의 세상
(3) (　　　　　　　　　　)의 세상

6 어린이들은 어떻게 자기의 행복과 기쁨을 더 늘려 간다고 했나요? (　　　　)

① 잠을 자는 동안 꿈속에서
② 부모님의 사랑과 관심을 받게 되면서
③ 행복과 기쁨이 되는 일들을 직접 경험해서
④ 실제에 경험하지 못한 일을 이야기 세상에서 경험해서

7 이 글에서 어린이들의 큰 예술을 낳을 무섭고 참된 힘이 어디에 숨겨져 있다고 했나요? (　　　　)

① 부모의 양육 방식
② 어린이들의 독서 습관
③ 어린이들의 순진스럽고 솔직한 표현
④ 어린이들의 자유를 존중해 주는 교육

8 이 글에 나타난 글쓴이의 생각으로 알맞은 것에 ○표 하세요.

(1) 어린이는 존중받아 마땅하고 귀중하다. (　　　　)
(2) 어린이는 한없이 약한 존재로 보호해야 한다. (　　　　)
(3) 어린이는 어리기 때문에 무조건 부모의 말에 따라야 한다. (　　　　)

읽은 후

생각 정리

1 『어린이 찬미』에서 글쓴이가 어린이의 자는 얼굴을 어떻게 표현했는지 생각하며 빈칸에 알맞은 내용을 쓰세요.

고요하고 평화로운 얼굴

1 고요하다는 고요한 것을 모두 모아서 그중 고요한 것만을 골라 가진 얼굴

2

보드랍고 고운 얼굴

1 고운 나비의 날개, 비단 같은 꽃잎처럼 곱고 보드라운 얼굴

2

하느님의 얼굴

1 어느 구석에도 더러운 티가 없는 얼굴

2

3 꾀나 획책을 모르는 아무런 꾸밈없는 얼굴

4

2 『어린이 찬미』에서 글쓴이가 생각하는 어린이는 누구이며, 어떻게 살고, 어떤 세상에서 지내는지 알맞게 쓰세요.

어린이는?
하느님의 복을 한없이 많이
가져와
어린이의 살림은?
자비, 평등, 박애,
어린이의 세상은?
모든 것이 기쁨,

읽은 후 생각 넓히기

1 『어린이 찬미』를 읽고 글쓴이의 무릎에서 잠든 어린이를 그림으로 그렸어요. 그림에 어울리는 제목과 알맞은 내용을 쓰세요.

•••

글쓴이가 무릎에서 잠든 어린이를 보고 어떤 생각을 했는지 글에서 찾아보세요.

제목:
더할 수 없는 참됨과 더할 수 없는 착함과
그 위에 또 위대한 창조의 힘까지 갖추어 가진,

2 우리가 어린이들을 통해 얻을 수 있는 것은 무엇인지 정리하여 빈칸에 알맞게 쓰세요.

어린이의 얼굴, 소리와 행동, 마음을 통해 우리가 어떤 행복을 얻을 수 있는지 정리해 보세요.

<table>
<tr><th>찾아볼 수 있는 곳</th><th colspan="2">우리가 얻는 것</th></tr>
<tr><td rowspan="2">어린이의 얼굴</td><td rowspan="2">마음의 세례를 받는다.</td><td>평상시에 가져 보지 못한 미소를 띤 부드러운 얼굴이 된다.</td></tr>
<tr><td></td></tr>
<tr><td rowspan="3">어린이의 소리와 행동</td><td rowspan="3"></td><td>참됨이 있으리라고 일깨워 주고 지시해 준다.</td></tr>
<tr><td>절망하고 늘어질 때 우리 가슴에 한줄기 빛을 던진다.</td></tr>
<tr><td>새로운 원기와 위안을 준다.</td></tr>
<tr><td>어린이의 마음</td><td>어린이에게 기쁨과 행복이 쏟아진다.</td><td></td></tr>
</table>

3 어린이 나라의 세 예술가들에게 별명을 지어 주고, 이들은 어떤 작품을 만들어 낼지 상상하여 쓰세요.

어린이는 이야기 세상, 노래의 세상, 그림의 세상에서 온갖 것을 미화한다고 했어요.

- **별명:** 행복과 기쁨의 이야기꾼
- **작품:** 평범한 일에 찬란한 아름다움과 흥미를 더한 이야기

- **별명:** 시인
- **작품:** 노래와 시

- **별명:** 화가
- **작품:** 그림

4 낮달에 대한 설명을 보고, 어린이의 눈높이에서 그림과 글로 다시 표현해 보세요.

어린이의 시선에서 낱말의 뜻풀이에 알맞은 그림을 그리고, 창의적으로 그림의 제목을 정해 보세요.

낮달은 낮이 되어도
사라지지 않고 계속
떠있는 달이야.
제목:
설명:

5월 5일은 어린이날!

'어린이'라는 말은 1920년에 방정환이 어린 아이들을 하나의 인격체로 보아야 한다는 생각에서 처음으로 사용하기 시작했습니다. 방정환이 생각한 '어린이'는 티 없이 맑고 순수하며 신나게 뛰놀고 걱정 없이 지내는 그런 모습이었어요. 그러나 불행하게도 우리나라는 일제에 나라를 빼앗기고 절망적인 삶을 살아가던 시기였지요. 그러니 어린이들의 실제 모습은 방정환이 생각한 것과 많이 달랐습니다. 또 지금처럼 의무 교육을 받던 때도 아니어서 학교를 다니지 못하고 농사일을 하거나 공장에서 일을 하는 어린이도 있었답니다.

천도교를 믿었던 방정환은 종교의 영향으로 어린이에게 관심을 갖게 되었습니다. 천도교는 '어린이'를 새롭게 정의하고 어린이 운동을 펼치는 데 큰 영향을 미쳤어요. 모든 인간은 평등하고 존중받아야 한다는 천도교의 사상 속에서 어린이의 인권에 대한 요구가 가능해졌지요.

어린이날은 '새싹이 돋아난다'는 의미로 새싹이 돋아나는 5월 1일로 정해 1923년 처음으로 기념행사를 했으며, 우리나라가 일제 강점기에서 벗어난 뒤부터는 요일에 관계없이 5월 5일을 어린이날로 정하였고 오늘날까지 이어지고 있답니다.

이런 책도 있어요

김종상, 『어린이 명심보감』, 한국독서지도회, 2005
노수미, 『어린이날이 사라진다고?』, 밝은미래, 2020
맷 라모스, 『일곱 나라 일곱 어린이의 하루』, 풀빛, 2018

머리가 좋아져요! 사고력 테스트

[난이도 : 상 중 하]

★ 이런! 강아지와 산책을 나갔던 친구가 계단으로 집에 가려고 해요. 친구를 도와서 집에 가는 길을 찾아 주세요.

도착

출발

• 정답은 가이드북 13쪽을 확인하세요.

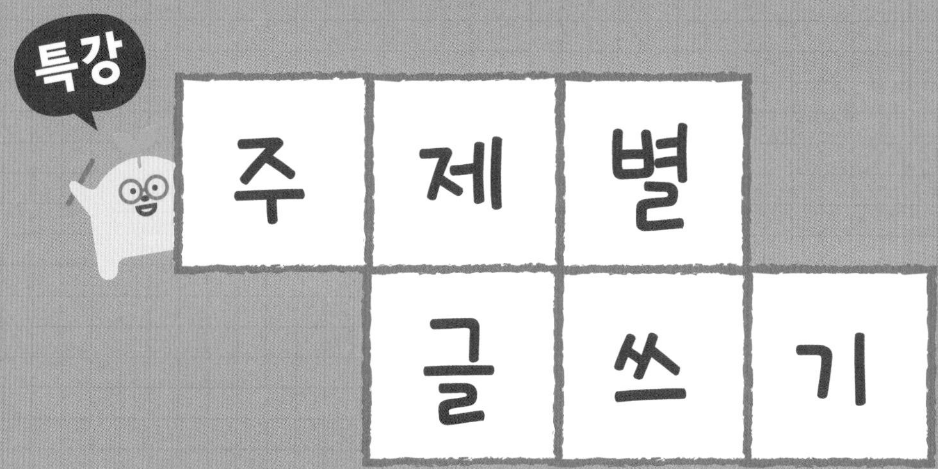
특강
주제별
글쓰기

주제 ❶ 노키즈존(No Kids Zone)이 필요할까?

자료 읽고 생각 떠올리기 1

가 애들은 가라! 노키즈존!

2011년, 한 음식점에서 어린아이의 얼굴에 뜨거운 된장국이 쏟아져 심한 화상을 입게 된 사건이 벌어졌다. 많은 이들이 이 상황을 막지 못한 음식점 주인과 음식을 나르던 음식점 종업원을 비난했다.

그러나 음식점 측에서 CCTV를 공개한 결과, 아이가 음식점에서 빠른 속도로 달려가 뜨거운 국을 들고 있던 종업원과 부딪친 사실이 밝혀졌다. 사건의 원인을 알게 된 사람들은 음식점에서 아이를 내버려 둔 부모에게 비난의 화살을 돌렸다.

이 사건 이후 우리 사회에서는 '노키즈존'을 내세우는 음식점이나 카페가 많이 생겨났다. '노키즈존'은 음식점이나 카페 같은 공공장소에서 유아와 어린이를 동반한 손님의 출입을 제한하는 것이다. 출입 제한 대상이 되는 어린이의 연령대는 5세 이하, 10세 미만, 중학생 미만 등 상점마다 다르다. 현재 우리나라에서 노키즈존을 선택하는 것은 상점 주인의 자유이다. 헌법 15조에서 '영업의 자유'를 보장하고 있고 영업 방침은 상점 주인의 권한이기 때문이다.

20○○년 ○○월 ○○일 ○○신문

나 노키즈존이 늘어간다

최근 어린이들의 출입을 제한하는 노키즈존이 늘어나고 있다. 노키즈존만 표시해서 친절하게 알려 주는 지도까지 생겨났다. 이 지도에 따르면, 2년 전 240여 곳이었던 노키즈존은 2년 만에 160여 곳이 더 늘어났다.

카페나 음식점 주인들은 시끄럽게 뛰어다니는 아이들을 내버려 두거나, 탁자 위에서 기저귀를 가는 등 일부 ✦몰지각한 부모를 예로 들며 노키즈존이 다른 손님들을 배려하기 위한 선택이라고 말하고 있다.

또, 아이들이 안전사고를 당하거나 다른 사람에게 피해를 입힐 경우 그 책임이 상점 주인에게 있기 때문에 이를 막기 위해서라도 필요하다는 것이다.

해외에서도 노키즈존은 계속 늘어 가는 추세이다. 인도의 인디고 항공은 12세 미만의 어린이는 탈 수 없는 노키즈존을 도입했고, 최근에는 유럽의 항공사들도 노키존을 도입하고 있는 추세이다.

20○○년 ○○월 ○○일 ○○일보

다 성인 3명 중 2명은 노키즈존 찬성

지난 2019년 한 시장 조사 업체의 설문 조사 결과에 따르면, 성인 남녀 66.1%가 노키즈존에 찬성하는 것으로 나타났다. 조사에서 성인 10명 중 6명(60.9%)은 공공장소에서 소란스러운 아이들이나 우는 아이들 때문에 소음 문제를 겪거나 갑자기 달려와 부딪치는 충돌 문제를 겪었다고 답했다.

아이들 때문에 불편을 겪었던 장소로는 음식점(71.4%)이 가장 많았으며, 그 다음으로 카페(33.8%), 지하철(15.8%), 극장(14.3%), 대형마트(13.5%) 순으로 불편을 느꼈다고 답했다.

20○○년 ○○월 ○○일 ○○일보

*몰지각한: 사물의 이치나 도리를 분별하는 능력이 없는.

1 노키즈존(No Kids Zone)이란 무엇인지 쓰세요.

2 가 ~ 다를 읽고 노키즈존(No Kids Zone)이 늘어나는 까닭은 무엇인지 쓰세요.

손님 입장	
상점 주인 입장	

자료 읽고 생각 떠올리기 2

어른들을 부끄럽게 한 11살의 일기

2019년 3월, 어린이 동화 작가로 유명한 전이수 군의 일기가 누리 소통망 서비스(SNS)에서 공유되며 화제를 모았다. 전 군은 동생 우태의 생일을 맞아 제주도의 한 음식점을 찾았던 자신의 경험을 담은 일기를 올렸다.

전 군의 가족은 동생의 생일을 맞아 스테이크를 먹으러 가기로 했다. 설레는 마음으로 자동차를 타고 1시간을 달려 식당에 도착했지만 전 군의 가족은 음식점 입구에서 출입을 거절당했다고 한다. 음식점이 노키즈존으로 바뀌었기 때문이다.

전 군은 일기에 음식점 직원인 누나가 노키즈존이라 들어오면 안 된다고 말했고, 계속해서 전 군 가족의 입장을 거부했다고 썼다. 결국 전 군의 가족은 발길을 돌릴 수밖에 없었고 동생 우태는 생일날 눈물을 흘렸다고 한다. 그래서 이 일기의 제목이 '우태의 눈물'이다.

전 군은 자신의 일기에 이런 상황이 이해가 되지 않는다고 썼다. 전 군은 얼마 전에 봤던 영화 '인생은 아름다워'에서 유대인인 주인공이 "아빠, 왜 개와 유대인들은 가게에 들어갈 수 없어요?"라고 묻는 장면이 떠올랐다고 한다. 전 군은 어린이를 차별하는 것이 개와 유대인을 차별하는 것과 같다고 생각했던 것이다.

전 군이 올린 게시물에는 수많은 댓글이 달렸다. 대부분 어른들의 잘못된 선택으로 순수한 어린이의 마음에 상처를 주어서 미안하다는 내용이었다.

2017년 국가인권위원회는 13세 이하 어린이의 출입을 막은 제주도의 한 상점 주인에 대해 '합리적 이유가 없는 차별 행위'라면서 '어린이의 출입을 금지하지 말라'고 권고했다. 모든 어린이, 혹은 어린이를 동반한 모든 부모가 상점 주인이나 다른 손님에게 피해를 주는 게 아닌데 상점 이용을 전면 금지하는 것은 일부 사례를 과도하게 일반화한다는 것이다.

올해 유엔아동권리위원회의 한 위원은 노키즈존을 비롯한 여러 어린이와 청소년 인권 실태에 대해 "전반적으로 한국은 아동을 혐오하는 인상을 받았다."라고 말하기도 했다.

공공장소는 누구나 자유롭게 이용할 수 있는 장소이다. 우리 사회의 구성원인 어린이도 당연히 자유롭게 이용할 수 있어야 한다. 이 때문에 '노키즈존'은 어린이에 대한 명백한 차별이며, 어린이에 대한 인권 침해라고 볼 수 있다.

그리고 더 나아가 어린이 인권 침해는 사회적 약자인 어린이에 대한 혐오로까지 이어질 수 있다는 점에서 결코 지나칠 수 없는 문제이다.

노키즈존 논란으로 갈등을 겪던 제주에서는 노베드페런츠존(No Bad Parents Zone)이 대안으로 등장했다. 말 그대로 '나쁜 부모 출입 금지'라는 뜻이다. 노베드페런츠존은 어린이를 동반한 부모에게 아이 관리를 철저하게 부탁하는 공간이다. 어린이는 입장할 수 있지만 만약 다른 손님들이 불편해하는 소란이 생기면 환불받고 즉시 상점을 나가야 한다.

그런가 하면 어린이나 어린이를 동반한 부모가 눈치 보지 않고 자유롭게 이용할 수 있는 예스키즈존(Yes Kids Zone)을 만드는 호텔이나 식당도 있다.

전문가들은 노키즈존 논란을 해소하기 위해서는 어린이를 위해 상점 주인과 부모, 손님들을 비롯한 어른들이 각자 조금씩 배려하려는 노력이 필요하다고 입을 모았다.

20○○년 ○○월 ○○일 ○○신문

3 동화 작가 전이수 군이 겪은 일을 간단히 정리하여 쓰세요.

____

____

4 이 기사에서 말한 노키즈존(No Kids Zone)의 문제점을 두 가지로 정리하여 쓰세요.

① ______________________________

② ______________________________

다양한 의견 알아보기

노키즈존이 필요할까?

나는 노키즈존이 필요하지 않다고 생각해. 왜냐하면 어린이의 입장을 제한하는 것은 어린이를 차별하고 어린이의 인권을 침해하는 일이기 때문이야.

나는 노키즈존이 필요하다고 생각해. 왜냐하면 공공장소에서 시끄럽게 떠들거나 뛰어다니는 행동은 다른 사람에게 피해를 줄 뿐만 아니라 상점 주인에게도 피해가 있기 때문이야.

나는 노키즈존이 필요하지 않다고 생각해. 왜냐하면 어린이를 동반한 부모들이 예절 교육과 함께 철저하게 관리하면 다른 사람에게 방해되지 않기 때문이야.

5 친구들은 무엇에 대해 의견을 말하고 있는지 쓰세요.

(　　　　　　　　　　　　　　　　　　　　　　　　　　　　　　　　　　　　　　)

6 친구들이 제시한 의견과 의견에 대한 까닭을 간단히 정리하여 쓰세요.

친구 이름	의견	까닭
진우		
태영		
세윤		

7 노키즈존(No Kids Zone)에 대해 어떻게 생각하는지 자신의 생각을 까닭을 들어 쓰세요.

주제에 맞게 글 쓰기

1 처음 부분에 쓸 내용을 간단히 정리해 보세요.

2 가운데 부분에 쓸 내용을 간단히 정리해 보세요.

3 끝부분에 쓸 내용을 간단히 정리해 보세요.

4 **1**~**3**에서 정리한 내용을 바탕으로 하여 글을 쓰세요.

주제 ❷ 진정한 아름다움이란 무엇일까?

자료 읽고 생각 떠올리기 1

청소년들의 성형 열풍 점점 거세져

최근 외모에 신경 쓰는 청소년이 많아지면서 성형 수술에 대한 관심도 늘어났다. 2015년 한 화장품 업체가 청소년을 대상으로 설문 조사를 실시한 결과, 전체의 48%가 성형 수술을 원했고 15%는 실제로 성형 수술을 했다고 응답했다. 그리고 청소년들이 성형을 하는 주된 이유는 외모에 대한 불만 때문이라고 조사되었다. 남들이 보기에는 문제가 없지만 정작 본인은 열등감을 느껴 외모를 고치고 싶어 하는 것이다. 외모에 대한 불만이 큰 청소년들의 경우, 자신감을 잃어버려 친구를 사귀지 못하기도 하고 심한 경우 우울증에 걸리기까지 한다.

날씬하고 예쁜 사람들만 선호하는 대중 매체의 태도도 청소년들의 성형을 부추기고 있다. 텔레비전이나 인터넷 등의 매체에서는 겉모습이 화려한 연예인이나 유튜버들이 등장하는 경우가 많아졌고, 이를 본 청소년들은 연예인이나 유튜버처럼 외모를 바꾸고 싶어 하기 때문이다.

실제로 OO시에 사는 OOO 씨는 얼마 전 초등학교 6학년 딸에게 쌍꺼풀 수술을 해 주었다고 한다. 아이돌을 지망하는 딸이 눈이 작아서 고민을 하자 고심한 끝에 아이가 원하는 성형 수술을 해 주려고 병원을 찾았다고 한다. 병원 관계자들도 연예인이나 인기 유튜버 등을 꿈꾸는 아이들이 유명해졌을 때를 대비해서 아예 이른 나이부터 성형외과를 찾는 경우가 많다고 전했다. 일찍 성형 수술을 하면 자신이 유명한 연예인이 되었을 때 성형 전과 성형 후의 사진이 떠돌아 비교당하는 일을 방지할 수 있어 이와 같은 일로 맘고생을 하는 경우가 적다는 것이다.

문제는 성장이 멈추지 않은 시기에 성형을 할 경우 각종 부작용이 발생할 위험이 높다는 점이다. 전문가들 역시 청소년들의 과도한 성형 수술 열풍은 큰 부작용을 초래할 위험이 있다고 경고한다.

청소년의 성형에 대해 전문가들은 "성장기에 있는 청소년이 성형 수술을 할 경우 뼈, 연골 등의 성장에 악영향을 줄 수 있기 때문에 성형 수술을 신중하게 결정해야 한다."라고 입을 모으고 있다. 성형 수술은 한 번 하면 다시 복구할 수 없고, 어린

나이에 성형 수술을 하면 커서 다시 재수술을 해야 하는 경우도 생긴다. 성형을 쉽게 생각하거나 외모에 집착하면 정신적으로 잘못된 자기 신체상을 가지게 되어 자칫 성형 중독으로 이어질 수 있다는 점도 기억해야 한다.

20○○년 ○○월 ○○일 ○○신문

+ **초래:** 결과로서 어떤 현상을 생겨나게 함.

1 청소년들의 외모에 대한 불만은 어떤 문제를 일으키는지 두 가지로 정리하여 쓰세요.

① ______

② ______

2 대중 매체가 왜 청소년의 성형을 부추기는 역할을 하는지 쓰세요.

______

3 청소년기에 하는 성형 수술은 어떤 문제점이 있는지 간단히 정리하여 쓰세요.

______

자료 읽고 생각 떠올리기 2

누구나의 아름다움

작년 봄, 유명 브랜드의 패션쇼에는 반가운 얼굴이 무대에 올랐다. 한때 슈퍼모델이었지만 한동안 패션쇼에서 볼 수 없었던 48세의 흑인 모델이었다. 아름다움을 최고의 가치로 여기던 패션계에서 모델이라는 말은 '어리고 키가 크며 마른 백인'을 뜻했다. 그러나 이런 고정관념은 점점 허물어지고 있다.

올해는 검은 옷을 입은 중년 여성이 모델로 등장했다. 스웨덴에서 활동하는 52세의 스타일리스트였다. 이 밖에도 뚱뚱한 몸매의 플러스 사이즈 모델을 비롯해 다양한 연령층과 인종으로 구성된 모델들이 패션쇼의 무대를 채웠다.

작년 4대 도시의 패션쇼에서는 모델 중 36.1%가 흑인이나 동양인 등 유색 인종이었다. 2015년 17%였던 이 수치는 불과 몇 년 사이 2배 이상 급격히 늘어났다. 인종을 비롯해 연령대와 신체 크기가 다양한 사람이 아름다움을 대표하는 모델이 되었다는 것은 분명 패션계에 일어난 긍정적인 변화이다.

20○○년 ○○월 ○○일 ○○일보

4 이 기사에서 전하는 소식을 간단히 정리하여 쓰세요.

5 이 기사를 읽고 내가 갖고 있던 아름다움에 대한 고정관념은 무엇이었는지 간단히 쓰세요.

자료 읽고 생각 떠올리기 3

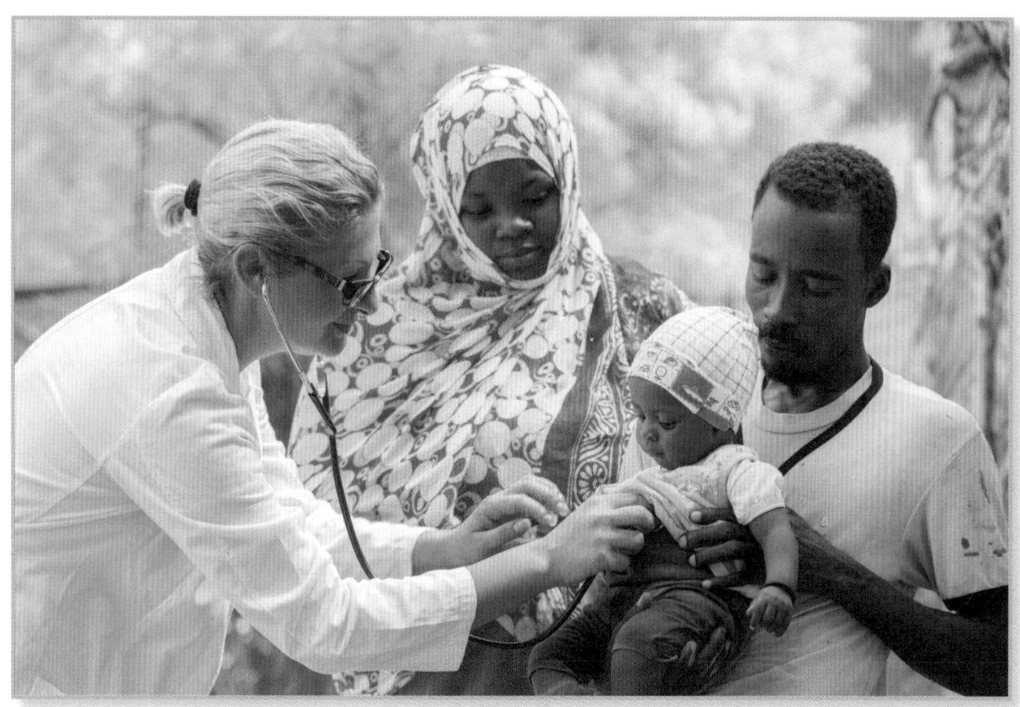

▲ 아프리카에서 의료 봉사를 하는 모습

6 이 사진처럼 아프리카에서 의료 봉사를 하는 사람들은 어떤 마음가짐을 갖고 있을지 생각하여 간단히 쓰세요.

7 이 사진 속의 모습이 아름답게 느껴지는 까닭을 쓰세요.

주제 ❷ 진정한 아름다움이란 무엇일까?

다양한 의견 알아보기

진정한 아름다움이란 무엇일까?

나는 아름다운 외모를 갖는 것이 진정한 아름다움이라고 생각해. 왜냐하면 보는 사람을 즐겁게 하고 닮고 싶은 마음이 들기 때문이야.

나는 자신만의 개성을 갖는 것이 진정한 아름다움이라고 생각해. 왜냐하면 우리 모두가 각자 다른 외모와 생각을 가진 특별한 존재이기 때문이야.

나는 다른 사람을 위해 봉사하는 마음을 갖는 것이 진정한 아름다움이라고 생각해. 왜냐하면 진정한 아름다움은 외모가 아니라 다른 사람을 위하는 마음에 있기 때문이야.

8 친구들은 무엇에 대해 의견을 말하고 있는지 쓰세요.

(　　　　　　　　　　　　　　　　　　　　　　　　　　　　)

9 친구들이 제시한 의견과 의견에 대한 까닭을 간단히 정리하여 쓰세요.

친구 이름	의견	까닭
진우		
태영		
세윤		

10 진정한 아름다움이 무엇이라고 생각하는지 자신의 생각을 까닭을 들어 쓰세요.

주제에 맞게 글 쓰기

1 처음 부분에 쓸 내용을 간단히 정리해 보세요.

2 가운데 부분에 쓸 내용을 간단히 정리해 보세요.

3 끝부분에 쓸 내용을 간단히 정리해 보세요.

4 **1**~**3**에서 정리한 내용을 바탕으로 하여 글을 쓰세요.

글

1주 **『식품 업계의 혁명-라면』, 『사랑하는 아내를 위하여-밴드 반창고』** | 왕연중 | 한국과학창의재단 사이언스올 | 2004년

2주 **『연탄길 2』** | 이철환 | 생명의말씀사 | 2016년

『낮은 울타리』 | 1989년 9월호 | 낮은울타리 | 1989년

- 위에 제시되지 않은 사진이나 이미지는 사용료를 지불하고 셔터스톡 코리아에서 대여했음을 밝힙니다.
- 길벗스쿨은 이 책에 실린 모든 글과 사진의 출처를 찾기 위해 최선의 노력을 기울였습니다.
  저작권자를 찾지 못해 허락을 받지 못한 글과 사진은 저작권자가 확인되는 대로 통상의 사용료를 지불하겠습니다.

앗!

본책의 가이드북을 분실하셨나요?
길벗스쿨 홈페이지에 들어오시면
내려받으실 수 있습니다.

기적의 독서 논술

가이드북

10권

가이드북 활용법

독해 문제의 경우에만 정답을 확인하시고 정오답을 체크해 주시면 됩니다.
낱말 탐구에 제시된 어휘의 뜻은 국립국어원의 국어사전 내용을 기준으로 풀이하여 실었습니다.
그 외 서술 · 논술형 문제에 해당하는 예시 답안은 참고만 하셔도 됩니다.
아이의 다양한 생각이 예시 답과 다르다고 하여 틀렸다고 결론 내지 마세요.
아이 나름대로 근거가 있고, 타당한 대답이라면 정답으로 인정합니다.
이치에 맞지 않은 답을 한 경우에만 수정하고 정정할 기회를 주시기 바랍니다.
답을 찾는 과정에 집중해 주세요.

다소 엉뚱하지만 창의적이고,
기발하면서 논리적인 대답에는 폭풍 칭찬을 잊지 마세요!

부디 너그럽고 논리적인 독서 논술 가이드가 되길 희망합니다.

1주 발명 이야기

16~17쪽

1 다음은 발명가나 과학자가 발명에 관해 남긴 말들이에요. 빈칸에 알맞은 말을 보기 에서 찾아 쓰세요.

행복 방법 습관

없다. 모든 것이 노력 에

습관 을/를 기르는 것이

가장 중요한 것은 실패 (으)로부터

험프리 데이비 경

2 다음의 두 물건이 합쳐져 만들어진 발명품은 무엇일지 쓰세요.

지우개 연필

해설

1 발명가나 과학자가 남긴 말을 통해 발명이라는 것이 필요에 의해서, 습관으로 인해, 여러 경험 속에서 우연이나 실수로도 이루어지는 일이라는 것을 알 수 있습니다.

2 자전거와 전동기를 합쳐 오토바이, 크레인과 삽을 합쳐 포클레인, 자동차와 대포를 합쳐 탱크, 지우개와 연필을 합쳐 지우개가 달린 연필을 만들었습니다.

18~19쪽

1 낱말의 뜻풀이와 글자 수를 보고, 알맞은 낱말을 자판에서 찾아 ○표 하세요.

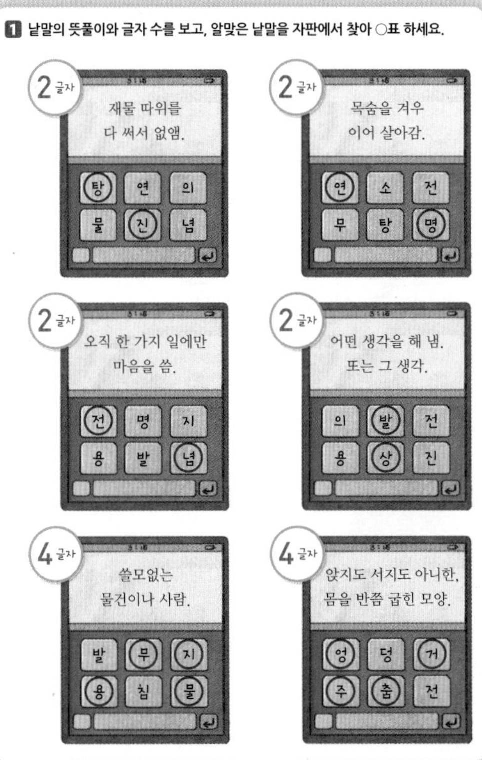

재물 따위를
다 써서 없앰.

목숨을 겨우
이어 살아감.

오직 한 가지 일에만

어떤 생각을 해 냄.
또는 그 생각.

앉지도 서지도 아니한,
몸을 반쯤 굽힌 모양.

2 다음 문장에 어울리는 낱말을 찾아 ○표 하세요.

농촌에 기술 혁명 수명 이 일어난 뒤 수확량이 크게 증가했다.
할아버지께서는 젊은 시절, 가성 가산 이 넉넉하여 외국에 머물며 공부하셨다.
우리 팀이 홈런을 치자, 응원석에서 탄성 곡성 이 터져 나왔다.
동생은 빨리 가자고 손을 잡아끌며 안달 미달 을 부렸다.
한 환경 연합은 그린벨트 지역을 개발하지 말고, 녹지로 보전 보수 해야 한다고 주장하였다.
경찰은 헛소문 수소문 끝에 범죄자의 은신처를 찾아내었다.

낱말 탐구

- **혁명:** 이전의 관습이나 제도, 방식 따위를 단번에 깨뜨리고 질적으로 새로운 것을 급격하게 세우는 일.
- **가산:** 한집안의 재산.
- **탄성:** 몹시 한탄하거나 탄식하는 소리.
- **안달:** 속을 태우며 조급하게 구는 일.
- **보전:** 온전하게 보호하여 유지함.
- **수소문:** 세상에 떠도는 소문을 두루 찾아 살핌.

읽는 중 생각 쌓기 20~31쪽

한줄 톡! ❶ 라면 ❷ 보관성 ❸ 꼬불꼬불하다 ❹ 반창고 ❺ 크리놀린

30~31쪽

내용 확인 **1** ③ **2** ㉮ **3** 튀김 **4** (1) ○ (2) ○ **5** ③, ④ **6** 채윤 **7** ③ **8** ㉮

1 당시 일본은 식량이 부족해 미국으로부터 밀가루를 지원받아 빵을 만들어 먹었는데 그래도 사람들은 배고픔을 느꼈습니다. 그래서 밀가루를 이용한 새로운 식품이 필요했는데 그것이 안도가 개발한 라면입니다.

2 안도는 영양이 풍부하고, 맛이 좋고, 보관성이 우수하면서 누구나 손쉽게 조리해서 먹을 수 있는 식품을 개발하고자 했습니다.

3 안도는 끓는 기름에 밀가루 반죽으로 된 튀김을 넣는 순간 밀가루 속에 있던 수분이 순간적으로 빠져나오고, 다 튀긴 튀김에는 작은 구멍이 무수하게 생기는 것을 관찰했습니다. 그 모습을 보고 튀김을 튀기는 원리를 응용하여 라면을 만들었습니다.

4 라면의 보존 기간을 늘리기 위해 튀길 때 짧은 시간에 많은 기름을 흡수해야 하는데, 수분 증발이 잘되려면 공간이 필요합니다. 그래서 직선보다 곡선형으로 면을 만드는 게 좋습니다.

5 밴드 반창고는 작은 구멍을 숭숭 뚫어 상처에 공기가 드나들도록 했고, 상처의 분비물을 흡수하도록 거즈 조각을 붙여 놓았습니다.

6 붕대와 반창고는 다쳤을 때 혼자서 치료하기 어렵다는 불편한 점이 있다고 했습니다.

7 딜슨은 자신이 없을 때 아내가 다칠 경우를 생각하여 혼자서도 쉽게 치료할 수 있는 반창고를 만들고 싶어 했습니다.

8 아내를 사랑하는 딜슨의 열성이 새로운 반창고를 만들게 한 비결입니다.

읽은 후 생각 정리 32~33쪽

1 다음은 『식품업계의 혁명-라면』에서 라면을 발명한 안도 모모후쿠를 인터뷰한 내용입니다. 라면 발명 과정을 생각하며 질문에 알맞은 대답을 쓰세요.

오늘은 세계 라면 협회 안도 회장님을 모시고, 라면의 발명에 대해 이야기 나누어 보겠습니다.

왜 라면을 식품 업계의 혁명이라고 합니까?

아, 그건 말이지요. 예 라면이 값도 싸고, 손쉽게 조리해 먹을 수 있는 데다가 보관도 오래할 수 있는 식품이기 때문입니다.

라면을 발명하시게 된 데에는 어떤 까닭이 있을 듯한데요.

제가 라면을 발명할 당시에는 예 식량이 부족해서 미국으로부터 밀가루를 지원받아 밀가루는 많았습니다. 그래서 밀가루로 만든 음식을 생각하게 된 것입니다.

한 가지만 더 여쭈어 보겠습니다. 라면은 왜 면발이 꼬불꼬불하지요?

예 우선 꼬불꼬불하게 만들면 작은 포장지 안에 많이 들어갑니다. 그리고 튀긴 면발이 빨리 마르고, 먹을 때에도 더 맛깔스럽게 보입니다.

2 다음은 『사랑하는 아내를 위하여-밴드 반창고』에서 밴드 반창고를 발명한 얼 딜슨과 그의 부인을 인터뷰한 내용입니다. 밴드 반창고 발명 과정을 생각하며 질문에 알맞은 대답을 쓰세요.

이번 시간에는 밴드 반창고 발명가 딜슨 부부를 모시고 발명 이야기를 해 보겠습니다.

밴드 반창고는 딜슨 부인을 위한 발명이었다는 게 무슨 뜻입니까?

아, 그건 말이지요. 예 제가 실수가 잦아서 잘 다치는 편이고, 그런 저를 위해 남편이 생각해 낸 것이 밴드 반창고였습니다.

그렇군요. 딜슨 씨가 부인께 어떻게 해 주셨는지 자세히 말씀해 주세요.

아내가 다칠 때마다 예 붕대와 반창고를 들고 달려가 치료를 해 주었는데, 제가 없을 때 다치면 어떻게 치료할지 걱정이 되었습니다.

밴드 반창고의 발명으로 달라진 것이 있나요?

예 아내가 혼자서도 쉽게 치료할 수 있게 되었고, 이것이 상품화되면서 각 가정에서도 사용하게 되었고, 저는 경제적으로 풍요로워졌습니다.

1 안도와 딜슨의 발명 메모를 살펴보았어요. 안도와 딜슨이 쓴 메모지에 어떤 내용이 들어가야 할지 알맞게 쓰세요.

해결할 문제
예 영양이 풍부하고, 보관도 오래하며 손쉽게 조리할 수 있어야 한다.
해결 방법
예 기름에 튀겨서 건조해 낸다.

해결할 문제
예 테이프의 끈적끈적한 부분을 깨끗하게 보전해야 한다.

해결 방법
예 크리놀린 직물을 이용하여 부착시켜 두었다가 안전하게 떼어 낸다.

2 라면을 먹거나 밴드 반창고를 이용하며 아쉬운 점은 없었나요? 내가 만들고 싶은 라면이나 밴드 반창고를 상상해서 그려 보고, 설명도 간단히 쓰세요.

그림으로 나타내 보고 어떻게 만들 것인지 간단히 설명을 써 봐.

내가 만든 라면
예
내가 만든 밴드 반창고
예

내가 만든 라면	내가 만든 밴드 반창고
예 야채를 밀가루에 섞어 반죽하고 면을 튀기지 않고 건조해서 건강한 라면을 만들고 싶다.	예 팔꿈치나 무릎처럼 잘 떨어지는 부위에도 단단히 고정시킬 수 있게 십자 모양의 밴드 반창고를 만들고 싶다.

해설

1 발명의 과정에서 발생한 문제와 그 문제를 어떻게 해결했는지 그 내용이 드러나게 답을 썼으면 정답으로 합니다.

2 라면과 밴드 반창고에 기존의 제품을 결합시키는 아이디어 정도면 충분합니다. 이미 상품으로 나와 있거나 만들기 힘든 점이 있더라도 보완 점이 드러나게 썼으면 정답으로 합니다.

3 인터넷이나 백과사전 등에서 발명품을 한 가지 찾아 조사하고, 조사한 내용을 정리해 보세요.

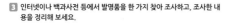

발명품

예 전자레인지

- 발명한 사람: 예 퍼시 스펜서
- 발명한 시기: 예 1945년
- 발명하게 된 동기: 예 레이더 장비를 연구하다가 레이더 기계류의 부품 중 하나인 마그네트론 옆에서 잠시 휴식을 취했는데 주머니에 들어 있던 초콜릿이 녹은 것을 보고 마이크로파를 발견하게 되었고, 이를 연구해 전자레인지를 발명하였다.

4 다음 그림을 보고, 기존 상품의 불편한 점과 개발된 상품의 장점은 무엇일지 생각해 쓰세요.

우유
우유

▲ 병 우유 / ▲ 종이팩 우유

기존 상품의 불편한 점	개발된 상품의 장점
예 깨지기 쉽다. / 운반할 때 무겁다.	예 유리병보다 덜 무겁다. / 운반하거나 보관할 때 겹겹이 쌓을 수 있다.

▲ 불투명 우산 / ▲ 투명 우산

기존 상품의 불편한 점	개발된 상품의 장점
예 우산을 기울여 쓰고 가면 앞을 잘 볼 수 없어서 다칠 위험이 크다.	예 우산을 기울여 쓰고 가더라도 앞을 볼 수 있어서 다칠 위험이 적다.

3 정보를 얻기 위해 먼저 알아보고 싶은 대상을 정합니다. 그리고 자료를 활용하여 필요한 내용을 잘 간추려 정리합니다. 발명한 사람, 시기, 발명한 동기가 모두 드러나게 답을 썼으면 정답으로 합니다.

4 기존 상품의 불편한 점과 불편한 점을 개선한 새 상품의 장점이 드러나게 답을 썼으면 정답으로 합니다.

2주 아버지의 생일 / 달걀 두 개

읽기 전 생각 열기 42~43쪽

1 어느 음식점에 다음과 같은 손님들이 들어왔어요. 내가 주인이라면 어떻게 결정했을지 V표 하고, 그렇게 결정한 까닭도 쓰세요.

	왼쪽 손님	오른쪽 손님
결정	☐ 내쫓는다. / ☑ 받아들인다.	☑ 내쫓는다. / ☐ 받아들인다.
그렇게 결정한 까닭	예 앞을 못 보는 아빠를 모시고 온 어린 딸이 기특하기 때문이다.	예 술주정을 하며 다른 손님들에게 피해를 줄까 봐 걱정되기 때문이다.

2 다음은 언니를 둔 어느 동생의 일기입니다. 내가 동생이라고 생각하고, 일기의 나머지 부분을 완성하세요.

20○○년 ○○월 ○○일 날씨: 맑음

언니의 새 옷

어머니께서 우리 자매를 부르셨다. 새 옷을 사기 전, 우리와 의논을 하시려는 것이었다. 어머니께서는 옷값이 비싸, 내 옷을 살 돈이 모자란다고 하셨다. 언니는 모레 학예회가 있기 때문에 새 옷이 필요했다. 어머니는 언니에게 꼭 예쁘고 좋은 옷을 입히고 싶어 하셨다. 그래서 나에게 내 옷은 다음에 사는 것이 어떻겠냐고 물으셨다.

나는 예 언니를 위해 다음에 사겠다고 말씀드렸다. 내 옷을 못 사 많이 아쉬웠다. 그리고 언니가 너무 부러웠다.

해설

1 내가 음식점 주인이라면 각각의 상황에 처한 손님을 내쫓을지, 손님으로 받아들일지 생각해 보고, 그렇게 결정한 까닭을 설득력 있게 써 봅니다.

2 내 옷은 다음에 사면 어떻겠냐는 어머니의 물음에 나라면 뭐라고 답했을지 생각해 봅니다. 어머니의 생각에 동의한다면 그 까닭은 무엇인지, 동의하지 않는다면 그 까닭은 무엇인지도 생각해 봅니다.

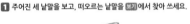

읽기 전 낱말 탐구 44~45쪽

1 주어진 세 낱말을 보고, 떠오르는 낱말을 보기 에서 찾아 쓰세요.

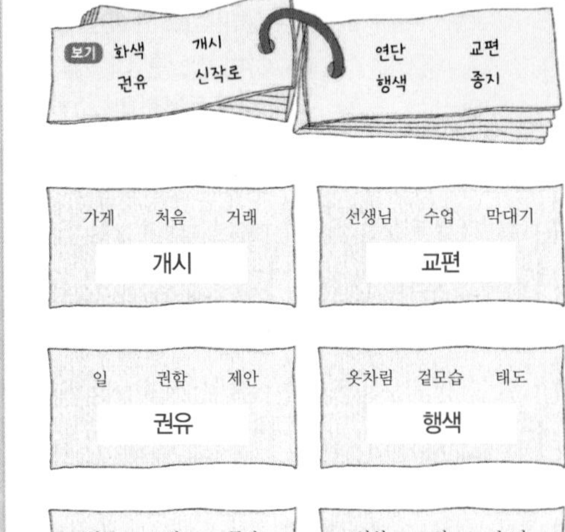

보기: 화색, 개시, 권유, 신작로, 연단, 교편, 행색, 종지

가게, 처음, 거래	개시
선생님, 수업, 막대기	교편
일, 권함, 제안	권유
옷차림, 겉모습, 태도	행색
얼굴, 빛, 돌다	화색
연설, 단, 높다	연단
자동차, 새것, 도로	신작로
담다, 그릇, 간장	종지

2 문장에 나온 첫소리와 뜻풀이를 보고, 빈칸에 알맞은 낱말을 쓰세요.

문장	뜻풀이	알맞은 낱말
전 재산을 기부한 할머니는 화려한 모습이 아니라 ㄴㅈㅎ 옷차림을 하고 계셨다.	허름하고 지저분한.	너절한
산악 구조대는 헬기까지 ㄷㅇ하여 실종자를 수색하였다.	어떤 목적이 이루어지도록 사람이나 물건, 방법 등을 한데 모음.	동원
계단을 따라 지하실로 내려가니 ㅋㅋㅎ 냄새가 코를 찔렀다.	상하고 찌들어 비위에 거슬릴 정도로 냄새가 심한.	퀴퀴한
학교에 ㅎㄱㅎ 소문이 떠돌자, 웅성거리며 어수선해졌다.	크게 놀랄 정도로 매우 괴이하고 야릇한.	해괴한
빨리 가자고 ㅈㅊ하는 바람에 신발 주머니를 현관에 놓고 왔다.	어떤 일을 빨리 하도록 조름.	재촉

낱말 탐구

- **개시:** 시장을 처음 열어 물건의 매매를 시작함.
- **교편:** 교사가 수업이나 강의를 할 때 필요한 사항을 가리키기 위하여 사용하는 가느다란 막대기.
- **권유:** 어떤 일 따위를 하도록 권함.
- **행색:** 겉으로 드러나는 차림이나 태도.
- **화색:** 얼굴에 드러나는 온화하고 환한 빛.
- **연단:** 연설이나 강연을 하는 사람이 올라서는 단.
- **신작로:** 새로 만든 길.
- **종지:** 간장 · 고추장 따위를 담아서 상에 놓는, 종발보다 작은 그릇.

읽는 중 생각 쌓기 46~57쪽

한줄톡! ❶ 불쾌감 ❷ 생일 ❸ 사탕 ❹ 달걀(계란) ❺ 막내(막내 동생)

56~57쪽

내용 확인 1 ① 2 ④ 3 (3) ○ 4 부끄러웠기 5 ①, ④ 6 수린 7 붉은색 체크무늬 남방, 감색 재킷 8 ②

1 순영이 아빠는 앞을 못 보십니다. 그래서 순영이가 아빠를 모시고 다닙니다.

2 "아빠하고 ~ 자리니까."의 말에는 순영이의 부탁을 거절하지 못해 끝자리는 허락하지만 손님으로 받고 싶지는 않은 주인의 마음이 담겨 있습니다.

3 순영이는 아빠의 생일을 맞아 아빠가 제일 맛있다고 한 순댓국을 먹으러 갔습니다. 그래서 자신의 국밥 속에 있던 순대와 고기를 아빠의 그릇에 가득 담아 주어 배불리 드시게 하고 싶었습니다.

4 완섭 씨는 아빠를 생각하는 딸의 행동에 감동을 받았고, 초라한 행색만 보고 부녀를 내쫓으려 했던 자신의 행동이 부끄러워 음식값을 다 받지 않았습니다.

5 어머니가 키운 닭 때문에 계란 음식을 풍족하게 먹을 수 있었고, 모은 달걀을 시장에 팔아 그 돈으로 옷과 책가방, 학용품 등을 살 수 있었습니다.

6 어머니는 졸업식에 입을 형의 옷을 사기 위해서 졸업식이 끝날 때까지 계란을 먹을 수 없다고 하셨고, 어머니의 말씀에 동생들은 울상이 되었던 것입니다.

7 어머니는 달걀을 모아 판 돈으로 형이 입을 붉은색 체크무늬 남방과 감색 재킷을 사 오셨습니다.

8 막내가 계란 두 개씩을 모아 어머니의 새 고무신을 사 드린 것으로 보아, 막내가 달걀을 가져간 행동은 어머니에 대한 사랑에서 비롯된 것임을 짐작할 수 있습니다.

읽은 후 생각 정리 58~59쪽

1 『아버지의 생일』에서 완섭 씨에게 일어난 일을 생각하며 빈칸에 알맞은 내용을 쓰세요.

① 음식점으로 들어온 두 사람의 너절한 행색은 걸인 같았고, 퀴퀴한 냄새가 완섭 씨의 코를 찔렀다.

② 음식을 팔지 않겠다는 완섭 씨의 말에 순영이는 오늘이 아빠의 생일 이라며 주문을 받기를 부탁했다.

③ 순영이는 아빠가 배불리 드시게 하려고 자신의 국밥 속에 들어 있던 순대와 고기를 예 아빠의 그릇에 담아 주었다.

④ 완섭 씨는 마음이 뭉클하여 음식값을 다 받지 못했고, 출입문을 나서는 아이에게 예 사탕을 한 움큼 넣어 주었다.

2 『달걀 두 개』에서 가족들에게 일어난 일을 생각하며 빈칸에 알맞은 내용을 쓰세요.

① 어머니는 아버지 의 권유로 닭을 키우기 시작하면서 즐거움을 느끼시는 듯했다.

② 어머니는 우리 삼 형제를 모아 놓고 형의 졸업식이 끝날 때까지 계란을 먹을 수 없다고 중대한 선언을 하셨다.

③ 닭장이 대문 안쪽으로 많이 들어와야 하는데도 예 달걀이 매일 두 개씩 없어져서 어머니는 근심이 되었다.

④ 졸업식 날 밝혀진 달걀 도둑은 막내였는데, 예 어머니의 새 고무신을 사려고 매일 달걀 두 개를 가져간 것이었다.

1 『아버지의 생일』에서 순영이는 아빠의 생일을 앞두고 여러 가지 계획을 세웠어요. 내가 순영이라고 생각하면서, 다음 물음에 답해 보세요.

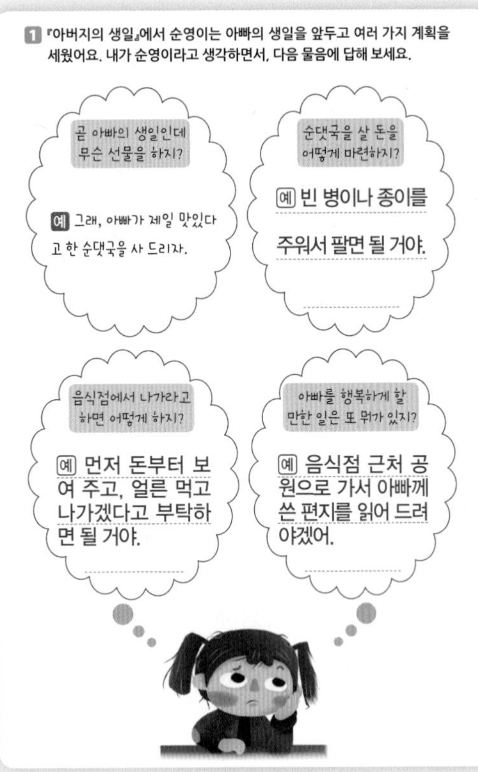

곧 아빠의 생일인데 무슨 선물을 하지?
예 그래, 아빠가 제일 맛있다고 한 순댓국을 사 드리자.
순댓국을 살 돈을 어떻게 마련하지?
예 빈 병이나 종이를 주워서 팔면 될 거야.
음식점에서 나가라고 하면 어떻게 하지?
예 먼저 돈부터 보여 주고, 얼른 먹고 나가겠다고 부탁하면 될 거야.
아빠를 행복하게 할 만한 일은 또 뭐가 있지?
예 음식점 근처 공원으로 가서 아빠께 쓴 편지를 읽어 드려야겠어.

2 『달걀 두 개』에서 '나'의 가족에게 달걀은 어떤 의미였는지 생각해 보고, 그 의미를 간단히 쓰세요.

엄마의 달걀
예 심심함을 달래 준 것, 자식의 효성스러움을 느끼게 해 준 것

삼 형제의 달걀
예 옷, 책가방, 학용품을 살 수 있게 해 준 것, 풍족한 반찬이 되어 준 것, 달걀을 안고 나오는 기쁨을 준 것

아빠의 달걀
예 아내의 심심한 생활을 바꾸게 해 준 것, 아내에게 즐거움을 준 것

달걀이 '나'의 가족에게 한 역할은 무엇이었는지를 생각해 봐.

가족 모두의 달걀
예 단지 반찬으로서의 의미가 아니라 온 가족을 사랑으로 이어지게 하고 그것을 확인시켜 준 사랑의 매개체이다.

해설

1 순영이의 입장에서 처한 문제를 해결하고, 해결 방법으로 쓴 내용이 설득력 있으면 정답으로 합니다.

2 『달걀 두 개』에 나온 달걀은 밥상을 풍족하게 해 주는 반찬의 역할만을 한 것이 아니라 가족 간의 사랑을 확인시켜 주는 다리 역할을 해 주기도 했습니다. 가족에게 달걀이 주는 의미가 무엇인지 예시 답과 같이 파악하여 썼으면 정답으로 합니다.

3 『아버지의 생일』과 『달걀 두 개』에 나온 순영이와 막내를 비교해 보고, 두 인물의 같은 점과 다른 점을 정리하여 쓰세요.

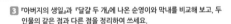

두 이야기의 주인공

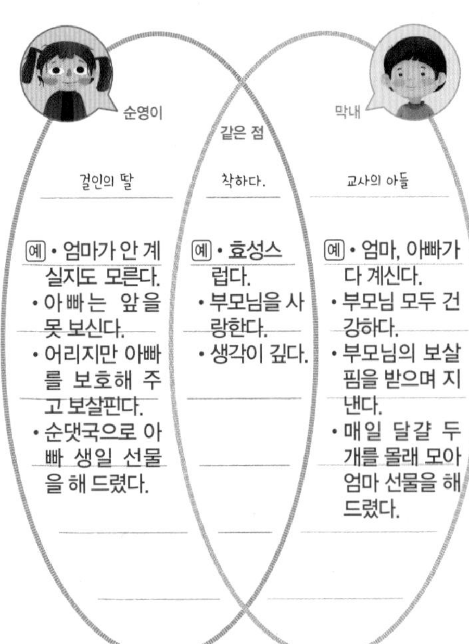

순영이
같은 점
막내
걸인의 딸
착하다.
교사의 아들
예 • 엄마가 안 계실지도 모른다. • 아빠는 앞을 못 보신다. • 어리지만 아빠를 보호해 주고 보살핀다. • 순댓국으로 아빠 생일 선물을 해 드렸다.
예 • 효성스럽다. • 부모님을 사랑한다. • 생각이 깊다.
예 • 엄마, 아빠가 다 계신다. • 부모님 모두 건강하다. • 부모님의 보살핌을 받으며 지낸다. • 매일 달걀 두 개를 몰래 모아 엄마 선물을 해 드렸다.

4 『아버지의 생일』과 『달걀 두 개』의 내용을 비교해 보고, 두 이야기의 닮은 점을 정리하여 쓰세요.

두 이야기의 닮은 점

이야기		의미나 상징하는 것
아버지의 생일	달걀 두 개	
순영이	예 막내	주인공, 효심이 깊은 아이
예 순영이 아빠	어머니	주인공이 효성을 다해 선물을 한 사람
아빠의 두 눈에 가득 고인 눈물	예 졸업식날 쏟은 어머니의 눈물	예 자식의 효성스러운 행동에 감동을 받음.
순댓국	예 고무신	부모님께 드린 사랑이 듬뿍 담긴 선물

3 순영이와 막내는 모두 부모에 대한 효심이 깊은 인물입니다. 두 사람이 처한 상황은 어떤 점이 비슷하고 어떤 점이 다른지 비교해 보고, 내용에 맞게 정리합니다.

4 『아버지의 생일』과 『달걀 두 개』는 글에 나오는 인물, 소재, 사건은 달라도 이야기의 주제나 상징하는 것은 비슷합니다. 두 이야기에서 서로 비슷한 인물이나 비슷한 의미를 갖는 것은 무엇인지 찾아봅니다.

3주 임금님께 바치는 북학의

읽기 전 생각 열기 68~69쪽

1 인터넷이나 백과사전 등에서 '청나라'에 대해 알아보고, 빈칸에 알맞은 내용을 채워 보세요.

청나라 알아보기

있었던 기간	예 1616년~1912년
나라를 세운 이	예 누르하치
나라를 세운 민족	예 만주족(여진)
수도	예 베이징(북경)

2 다음 글은 정조 임금에게 박제가가 올린 상소의 일부예요. 상소를 읽고, 물음에 답해 보세요.

젊은 시절에 저는 청나라 북경에 머물렀던 적이 있습니다. 그래서 청나라에 대해 자주 말씀 드렸던 것입니다.

우리나라 사람들은 오늘날의 청나라는 옛날의 중국이 아니라면서 심하게 비웃고 있습니다. 이번에 올리는 이 말씀도 예전에 그들이 비웃던 그 말들 가운데 하나에 지나지 않습니다. 그리하여 또 *망발을 한다는 조롱을 스스로 듣게 되겠지만 이것 외에는 달리 드릴 말씀이 없습니다.

중요한 것도 처음에는 보잘것없는 것처럼 보이기 마련입니다. 하찮은 사람의 생각이지만 감히 숨기지 않고, 여기에 '28항목 53조'를 기록하고 제목을 '북학의'라 하였습니다.

감히 존엄하신 *대전을 더럽히게 될 줄 알면서도 잘 판단하시도록 갖추어 올립니다.

이 상소로 보아 '박제가'는 어떤 사람일까요?	예 많은 사람의 비웃음을 무릅쓰고 청나라에서 배운 것에 대해 임금께 아뢰는 소신 있는 사람 같다.
임금께 이 상소를 올린 까닭은 무엇일까요?	예 청나라의 문물을 받아들여 백성들의 삶을 좀 더 낫게 하기 위해서이다.

해설

1 누르하치는 중국 청나라의 창건자로 초대 황제입니다. 여진족을 통합하고 만주 문자를 제정하여 청나라 발전의 기틀을 세웠습니다.

2 『북학의』는 박제가가 청나라의 풍속과 제도를 살펴보고 돌아와서 그 견문한 바를 쓴 책으로, 백성과 나라에 도움이 되고자 했던 박제가의 노력을 엿볼 수 있습니다.

읽기 전 낱말 탐구 70~71쪽

1 마을에서 낱말 보물찾기를 하고 있어요. 낱말의 뜻풀이를 살펴보고, 빈칸에 알맞은 글자를 보기 에서 찾아 쓰세요.

보기

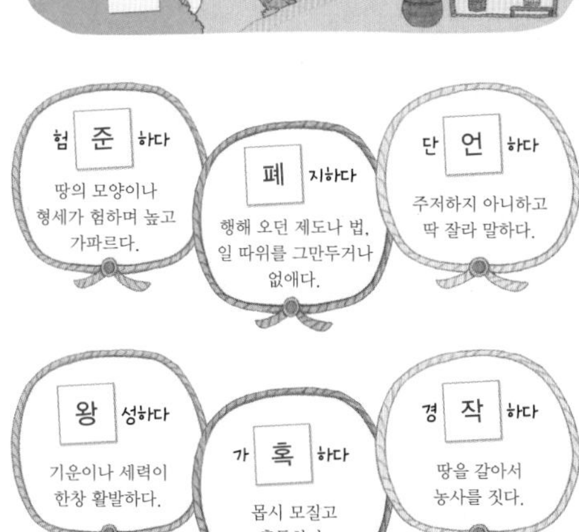

험 준 하다
땅의 모양이나 형세가 험하며 높고 가파르다.
폐 지하다
행해 오던 제도나 법, 일 따위를 그만두거나 없애다.
단 언 하다
주저하지 아니하고 딱 잘라 말하다.
왕 성하다
기운이나 세력이 한창 활발하다.
가 혹 하다
몹시 모질고 혹독하다.
경 작 하다
땅을 갈아서 농사를 짓다.

2 카드의 낱말과 뜻풀이를 읽어 보고, 빈칸에 알맞은 낱말을 보기 에서 찾아 쓰세요.

보기

미투리: 삼나무의 껍질로 엮어 짚신처럼 삼은 신.

징: 신의 가죽 창이나 말굽 따위에 박는, 대가리가 크고 넓으며 길이가 짧은 쇠못.

삼태기: 흙이나 쓰레기, 거름 따위를 담아 나르는 데 쓰는 기구.

험지: 다니기에 어렵고 위험한 곳이나 땅.

검불: 가느다란 마른 나뭇가지, 마른 풀, 낙엽 따위를 통틀어 이르는 말.

낱말 탐구

- **형세:** 풍수지리에서, 산의 모양과 지세를 이르는 말.
- **행하다:** 어떤 일을 실제로 해 나가다.
- **모질다:** 마음씨가 몹시 매섭고 독하다.
- **혹독하다:** 몹시 심하다.
- **삼:** 거칠고 긴 마섬유가 채취되는 식물을 통틀어 이르는 말. 대마, 아마, 저마, 마닐라삼 따위가 있음.

읽는 중 생각 쌓기

72~83쪽

한줄 톡! ❶ 수레 ❷ 고공 ❸ 물물교환 ❹ 거름 ❺ 곡식

82~83쪽

내용 확인 1 ③ 2 ③, ④ 3 준수 4 수레 5 ㉮, ㉰ 6 (3) ○ 7 지푸라기 8 ④

1 사람들은 걸핏하면 '산천이 험해서 길이 없기 때문'이라고 이야기하고, 수레를 이용하지 않았습니다.

2 수레는 대개 사람이 타는 것과 짐을 싣는 것이 있는데, 조금이라도 규격에 맞지 않으면 수레로 인정하지 않습니다.

3 수레를 사용하지 않아 각 지방마다 물자들이 오고가지 않았습니다. 그래서 두메산골의 사람들은 새우젓을 본 적도, 먹어 본 적도 없기 때문에 새우젓을 보고 이상한 물건이라고 생각했을 것입니다.

4 박제가는 지역마다 흔한 것과 귀한 것이 있으니, 수레를 이용하여 서로서로 물자를 바꾸면 훨씬 더 풍족하게 살 수 있을 것이라고 생각했습니다.

5 수레를 만들면 여러 가지 용도로 유용하게 쓸 수 있고, 또 우리나라에는 산이 많아 수레를 만들 목재가 넉넉하다고 했습니다.

6 청나라에서는 사람들이 길을 다니며 말똥을 줍고, 밭농사를 짓는 집은 문 앞에 수수깡과 잡초를 펴 놓고 말리며 길에는 버려진 재가 없다고 했습니다.

7 우리나라에서는 거름을 만들 때 짚으로 엉성하게 얽은 망태기에 거리의 지푸라기나 검불을 주워 담아 진흙에 섞어 놓는다고 했습니다.

8 대략 한 사람이 하루에 배설하는 똥오줌이면 하루 먹을 곡식은 넉넉히 생산할 수 있으므로, 백만 섬의 똥을 버리는 것은 곧 곡식 백만 섬을 버리는 것과 같다고 했습니다.

읽은 후 생각 정리

84~85쪽

1 『임금님께 바치는 북학의』의 내용을 생각하며 박제가가 설명한 수레와 거름에 대한 이치를 정리해 보세요.

수레에 대한 아홉 가지 이치

① 수레는 모든 것을 실을 수 있어 이로움이 많고 크므로, 이용할 수 있는 곳은 지나다니게 해야 한다.

② 수레가 다니게 되면 길은 자연스럽게 생기게 마련이다.

③ 예 쓰임새에 따라 규격에 맞게 수레를 만든다.

④ 예 수레를 만드는 기관과 기술자들이 있어야 한다.

⑤ 수레를 이용하면 물물교환이 가능해 백성들의 생활이 풍족해진다.

⑥ 행차할 때에도 수레를 이용하면 하인들과 노비들은 휴식을 취하며 왕성한 체력을 유지할 수 있다.

⑦ 수레를 쓴다면 모든 백성에게 나막신을 신기고 거기에 징을 박는 셈이 될 것이다.

⑧ 청나라에서 수레를 구입하면 수레에 대해 많은 것을 배울 수 있다.

⑨ 예 우리나라에는 산이 많아 수레를 만들 목재를 쉽게 구할 수 있다.

거름에 대한 다섯 가지 이치

사또께서 거름에
대한 이치를 일러
주겠다 하신다!

① 똥을 금처럼 아껴야 한다. 왜냐하면 똥을 거두어 거름으로 쓰면, 다음 해 그 똥만큼 곡식을 더 수확할 수 있기 때문이다.

② 수레로 똥오줌을 거두어야 한다. 똥오줌을 함부로 버려 우물물은 짜고 길거리는 더러우며, 다리나 축대 주변에 버려진 똥은 잘 씻기지도 않는다.

③ 예 집집마다 수레와 소를 갖추어야 한다.
수레에 짐을 실을 광주리만 한 상자를 만들어 거기에 오줌을 담아 날라야 한다.

④ 예 똥오줌을 함부로 버리지 말아야 한다.
한 사람이 하루에 배설하는 똥오줌이면 하루 먹을 곡식은 넉넉히 생산할 수 있다.

⑤ 똥오줌을 대신할 거름이 있으나, 모두 거름으로 이용하기 위해서는 수레를 먼저 운행해야 한다.

1 만일 박제가의 생각대로 된다면 나라와 백성들에게 어떤 이로움이 생길까요? 다음 인물들의 입장이 되어 좋은 점이 무엇일지 상상하여 쓰세요.

네 말이 옳구나.
그에 따라 시행토록 하라!
성은이 망극하나이다.
전하!

하인(인부)
- 수레를 타고 이동할 수 있어 건강해진다.
- 예 휴식을 취하며 왕성한 체력을 갖게 된다.

보부상
- 가정을 이루며 사는 즐거움을 누리게 된다.
- 예 더 많은 이익을 남기게 된다.

농민
- 예 버려지던 똥오줌을 모아 거름으로 써서 많은 곡식을 거둔다.
- 질 좋은 농작물을 수확한다.

나라
- 예 상업과 농업에서 많은 이익을 남겨 부강해진다.
- 나라가 깨끗해진다.

2 박제가의 상소를 옳다고 여겨 임금님이 박제가의 뜻대로 한다면 어떤 교지를 내릴까요? 내가 임금님이라고 생각하고 교지를 완성해 보세요.

옛날에
임금이 내렸던 명령을
교지라고 하느니라.

교지

① '고공'이란 관직을 다시 두어 예 수레를 만들게 하라.

② 지방에서 조세를 거두어 서울로 운반하는 일을 맡는 예 관청을 두어 각 지방의 물가를 고르게 하라.

③ 고을 수령이나 사신이 행차할 때에는 예 교대할 인부를 두어 수레에 태워 다니도록 하라.

④ 똥오줌을 함부로 예 버리지 말고 모아서 거름으로 쓰도록 하라.

⑤ 삼천 평 이상 땅을 경작하는 집에는 반드시 예 소 두 마리와 수레 한 채, 짐을 실을 상자를 갖추도록 하라.

해설

1 거름과 수레가 농업이나 농민, 상업이나 상인들에게 어떤 도움을 주는지 생각해 보고, 백성의 생활이나 나라에 어떤 이익을 주는지 드러나게 썼으면 정답으로 합니다.

2 박제가의 상소 내용을 받아들인다는 가정 하에 임금이 어떤 명령을 내릴지 짐작해 봅니다. 예시 답의 내용으로 이어질 내용을 알맞게 썼으면 정답으로 합니다.

3 다음과 같은 운송 수단이 사라진다면 어떤 일이 일어날까요? 산업마다 어떤 일이 벌어질지 상상하여 쓰세요.

건설업

예 건물을 짓는 데 필요한 자재를 공급하기 어려워지고 건물을 짓기도 힘들어질 것이다.

▲ 크레인

농업

예 농산물이 상하기 전에 실어나를 수 없으니, 자기가 사는 지역에서 나는 농산물만 먹게 될 것이다.

▲ 경운기

상업

예 먼 지역에서 나는 물건을 사려면 직접 가야 해서 시간도 오래 걸리고 비싸게 사야 할 것이다.

택배
▲ 택배차

4 우리나라가 다른 나라보다 특별하거나 우수한 점은 무엇일까요? 우리나라의 장점을 떠올려 쓰세요.

문화, 경제, 사회 분야 등에서
우리나라가 다른 나라보다 우수하거나 특별하다고
느끼는 점을 생각해 봐.

우리나라가 다른 나라보다 특별하거나 우수한 점

- 우리나라는 인터넷 속도가 빠르다.
- 예 우리나라의 케이팝(k-pop)은 해외 여러 나라에서 인기가 있다.
- 예 우리나라는 문맹률이 낮고 우리 고유의 글자인 한글이 있다.
- 예 우리나라는 사계절이 뚜렷한 살기 좋은 기후를 가진 나라이다.

3 수레의 기능을 생각해 보고, 각각의 운송 수단이 산업에 미치는 영향을 생각해 봅니다. 크레인, 경운기, 택배차가 없을 때의 문제점을 알맞게 썼으면 정답으로 합니다.

4 우리나라의 고유한 특징이나 자랑할 만한 점이 잘 드러나게 답을 썼으면 정답으로 합니다.

4주 어린이 찬미

읽기 전 생각 열기 94~95쪽

1 어느 헌장의 일부가 빠져 있어요. 빠진 부분에 공통으로 들어갈 수 있는 하나의 낱말을 생각하여 빈칸에 쓰세요.

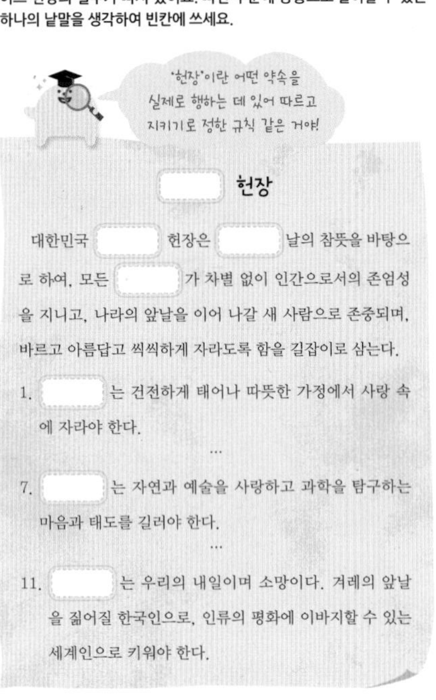

'헌장'이란 어떤 약속을 실제로 행하는 데 있어 따르고 지키기로 정한 규칙 같은 거야!
헌장
대한민국 헌장은 날의 참뜻을 바탕으로 하여, 모든 가 차별 없이 인간으로서의 존엄성을 지니고, 나라의 앞날을 이어 나갈 새 사람으로 존중되며, 바르고 아름답고 씩씩하게 자라도록 함을 길잡이로 삼는다.
1. 는 건전하게 태어나 따뜻한 가정에서 사랑 속에 자라야 한다.
7. 는 자연과 예술을 사랑하고 과학을 탐구하는 마음과 태도를 길러야 한다.
11. 는 우리의 내일이며 소망이다. 겨레의 앞날을 짊어질 한국인으로, 인류의 평화에 이바지할 수 있는 세계인으로 키워야 한다.

어린이

2 어린이와 어른의 다른 점은 무엇인지 생각해 보고, 빈칸에 알맞게 쓰세요.

어린이	구분	어른
작다.	몸	크다.
적다.	나이	많다.
예 작고 귀엽다.	얼굴	예 길쭉하고 크다.
예 시끄럽고 정신없다.	말과 행동	예 점잖다.
예 순수하고 착하다.	마음	예 걱정이 많다.
예 재미있고 신난다.	사는 모습	예 바쁘고 재미없다.

해설

1 어린이 헌장은 1957년 어린이의 복지 증진을 위하여 국가 · 사회 · 가정이 책임져야 할 기본적인 요건을 세부적으로 기록한 것입니다.

2 어린이와 어른은 어떻게 다른지 여러 측면에서 비교 · 대조해 봅니다.

읽기 전 낱말 탐구 96~97쪽

1 다음 뜻풀이를 살펴보고, 문장에 알맞은 낱말을 찾아 ○표 하세요.

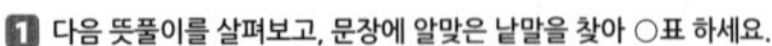

말이나 글 따위로 사람이나 사물의 모양을 나타냄.
마을 뒷산의 가을 단풍은 말로는 (형용) 형사 형벌 할 수 없을 정도로 아름답다.
친밀히 사랑함. 또는 그 사랑.
친정 친숙 (친애) 하는 국민 여러분, 희망을 가지며 삽시다!

여럿이 한데 뒤섞이어 어수선함.
건물에서 쏟아져 나오는 사람들로 거리가 혼합 (혼잡) 혼인 했다.
서로 다른 것이 같아짐.
할머니의 이야기를 들을 때마다 나는 이야기에 (동화) 동반 동결 되는 것 같다.

기분, 분위기 따위가 어둡고 스산하며 우울함.
하늘에 구름이 잔뜩 낀 것을 보니 음모 (음울) 음해 한 느낌이 들었다.

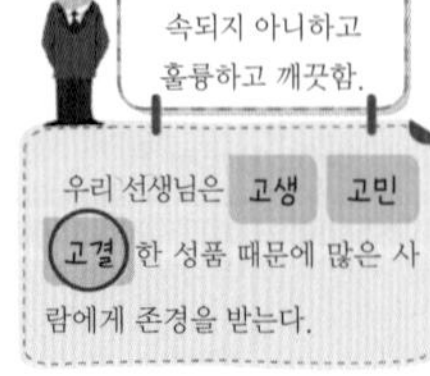

성질이나 됨됨이가 속되지 아니하고 훌륭하고 깨끗함.
우리 선생님은 고생 고민 (고결) 한 성품 때문에 많은 사람에게 존경을 받는다.

2 낱말과 뜻풀이를 살펴보고, 빈칸에 알맞은 낱말을 보기에서 찾아 쓰세요.

보기
평등 획책 순수 지금 환희 칭찬
환희
매우 기뻐함. 또는 큰 기쁨.
종래
일정한 때를 기준으로 이전부터 지금 까지에 이름.
획책
어떤 일을 꾸미거나 꾀함. 또는 그런 꾀.
박애
모든 사람을 평등 하게 사랑함.
찬미
아름답고 훌륭한 것 따위를 기리어 칭찬 함.
순화
깨끗하지 못한 것을 없애 순수 하게 함.

낱말 탐구

- **친정:** 결혼한 여자의 부모 형제 등이 살고 있는 집.
- **친숙:** 친하여 익숙하고 허물이 없음.
- **혼합:** 뒤섞어서 한데 합함.
- **동결:** 추위나 냉각으로 얼어붙음. 또는 그렇게 함.
- **음모:** 나쁜 목적으로 몰래 흉악한 일을 꾸밈. 또는 그런 꾀.
- **음해:** 몸을 드러내지 아니한 채 음흉한 방법으로 남에게 해를 가함.

읽는 중 생각 쌓기

98~109쪽

한줄 톡! ❶ 순화 ❷ 행복 ❸ 위안 ❹ 시인 ❺ 넋

108~109쪽

내용 확인 1 ④ 2 (1) ○ (2) × (3) ○ 3 (3) ○
4 ㉯ 5 (1) 이야기 (2) 노래 (3) 그림
6 ④ 7 ③ 8 (1) ○

1 고요하다는 고요한 것을 모두 모아서 그중 고요한 것만을 골라 가진 것이 어린이의 자는 얼굴이라고 했습니다.

2 모든 사람들은 하느님이 우리에게 복을 준다고 믿어 왔고, 그 복을 많이 가져온 이는 어린이이며, 어린이는 순 복덩어리라고 했습니다.

3 어린이와 얼굴을 마주 대하고는 찡그리는 얼굴, 성낸 얼굴, 슬픈 얼굴을 지을 수 없으며 평상시에 가져 보지 못하던 미소를 띤 부드러운 얼굴을 갖게 된다고 했습니다.

4 어린이는 슬픔을 모르고, 근심을 모르며 음울한 것을 싫어합니다. 또 어린이는 우리 가슴에 한줄기 빛을 던지고 새로운 원기와 위안을 줍니다.

5 어린이는 이야기 세상, 노래의 세상, 그림의 세상에서 온갖 것을 미화시킨다고 했습니다.

6 어린이들은 실제 경험하지 못한 일을 이야기 세상에서 경험하고 그렇게 해서 어린이들은 자기의 가진 행복을 더 늘려 가고, 기쁨을 더 늘려 간다고 했습니다.

7 순진스럽고 솔직한 표현에 어린이들의 큰 예술을 낳을 무섭고 참된 힘이 숨겨져 있다고 했습니다.

8 글쓴이는 어린이를 하느님, 부처님과 같은 존귀한 존재라고 칭하며 어린이를 아름답고 훌륭하다고 칭찬했습니다.

읽은 후 생각 정리

110~111쪽

1 『어린이 찬미』에서 글쓴이가 어린이의 자는 얼굴을 어떻게 표현했는지 생각하며 빈칸에 알맞은 내용을 쓰세요.

고요하고 평화로운 얼굴
- ① 고요하다는 고요한 것을 모두 모아서 그중 고요한 것만을 골라 가진 얼굴
- ② 예 평화라는 평화 중에 그중 훌륭한 평화만을 골라 가진 얼굴

보드랍고 고운 얼굴
- ① 고운 나비의 날개, 비단 같은 꽃잎처럼 곱고 보드라운 얼굴
- ② 예 이 세상에 곱고 보드랍다는 아무 것으로도 형용할 수가 없이 보드랍고 고운 얼굴

하느님의 얼굴
- ① 어느 구석에도 더러운 티가 없는 얼굴
- ② 예 우리가 싫어할 한 가지 반 가지도 없는 얼굴
- ③ 꾀나 획책을 모르는 아무런 꾸밈없는 얼굴
- ④ 예 맞아서 아프기 전까지는 벙글벙글 웃으며 대하는 얼굴

2 『어린이 찬미』에서 글쓴이가 생각하는 어린이는 누구이며, 어떻게 살고, 어떤 세상에서 지내는지 알맞게 쓰세요.

어린이는?
하느님의 복을 한없이 많이 가져와 예 우리에게 그 복을 나누어 주는 순 복덩어리다.

어린이의 살림은?
자비, 평등, 박애, 예 환희, 행복과 세상 모든 아름다운 것이다.

어린이의 세상은?
모든 것이 기쁨, 예 모든 것이 사랑, 모든 것이 친한 동무이다.

1 『어린이 찬미』를 읽고 글쓴이의 무릎에서 잠든 어린이를 그림으로 그렸어요. 그림에 어울리는 제목과 알맞은 내용을 쓰세요.

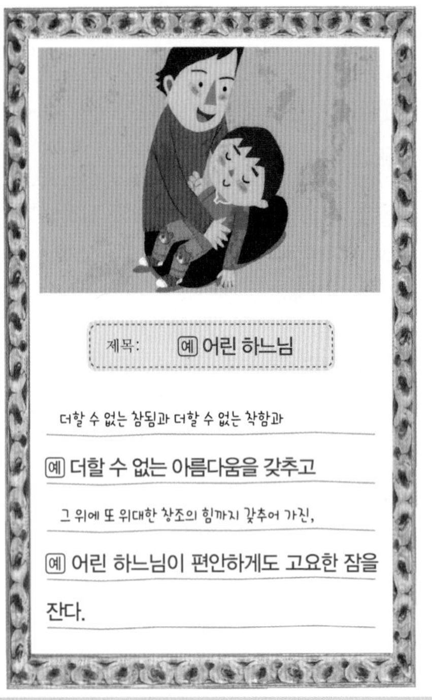

제목: 예 어린 하느님

더할 수 없는 참됨과 더할 수 없는 착함과

예 더할 수 없는 아름다움을 갖추고

그 위에 또 위대한 창조의 힘까지 갖추어 가진,

예 어린 하느님이 편안하게도 고요한 잠을 잔다.

2 우리가 어린이들을 통해 얻을 수 있는 것은 무엇인지 정리하여 빈칸에 알맞게 쓰세요.

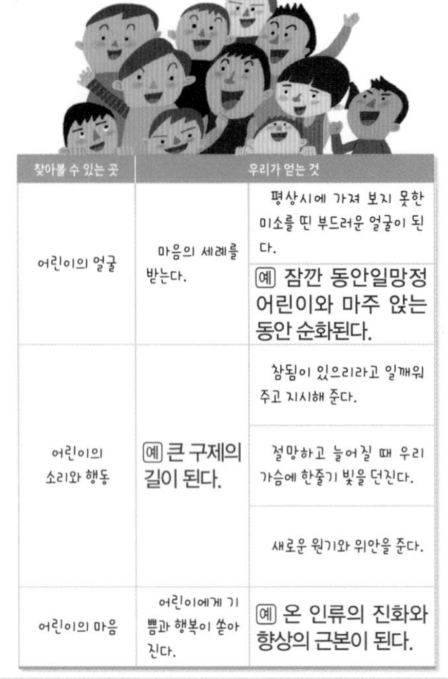

찾아볼 수 있는 곳	우리가 얻는 것	
어린이의 얼굴	마음의 세례를 받는다.	평상시에 가져 보지 못한 미소를 띤 부드러운 얼굴이 된다.
		예 잠깐 동안일망정 어린이와 마주 앉는 동안 순화된다.
어린이의 소리와 행동	예 큰 구제의 길이 된다.	참됨이 있으리라고 일깨워 주고 지시해 준다.
		절망하고 늘어질 때 우리 가슴에 한줄기 빛을 던진다.
		새로운 원기와 위안을 준다.
어린이의 마음	어린이에게 기쁨과 행복이 쏟아진다.	예 온 인류의 진화와 향상의 근본이 된다.

3 어린이 나라의 세 예술가들에게 별명을 지어 주고, 이들은 어떤 작품을 만들어 낼지 상상하여 쓰세요.

- 별명: 행복과 기쁨의 이야기꾼
- 작품: 평범한 일에 찬란한 아름다움과 흥미를 더한 이야기

- 별명: 예 곱고 어여쁜 마음의 시인
- 작품: 예 고운 마음과 어여쁜 눈을 가지고 보고 느낀 것을 아름다운 말로 나타낸 노래와 시

- 별명: 예 큰 예술을 낳을 무서운 참된 힘의 화가
- 작품: 예 조금도 기교가 없는 순진스럽고 솔직하게 표현한 그림

4 낮달에 대한 설명을 보고, 어린이의 눈높이에서 그림과 글로 다시 표현해 보세요.

낮달은 낮이 되어도 사라지지 않고 계속 떠있는 달이야.

제목: 예 해님을 좋아하는 달

설명: 예 해님과 놀고 싶어서 낮인데도 계속 하늘에 머물러 있다.

해설

1 글쓴이는 무릎 위에서 잠든 어린이의 모습을 보고 더할 수 없는 참됨, 착함, 아름다움을 갖추고 창조의 힘까지 갖추었다고 하며 하느님의 얼굴을 발견할 수 있다고 했습니다. 내용을 알맞게 쓰고 제목을 적절하게 지었으면 정답으로 합니다.

2 각각의 중심 내용에 해당하는 세부 내용을 정리해야 합니다. 각 항목에 맞게 예시 답의 내용과 비슷하게 정리하였으면 정답으로 합니다.

3 이야기 세상, 노래의 세상, 그림의 세상에서 어린이가 예술화할 만한 내용을 떠올려 생각이 드러나게 썼으면 정답으로 합니다.

4 낱말의 뜻풀이에 맞게 창의적으로 그림을 그리고, 그림과 어울리게 제목과 내용을 썼으면 정답으로 합니다.

39쪽

재미로 보는 심리 테스트

1. 원숭이
당신은 현재를 신나게 즐길 줄 아는 사람! 친구들과 신나게 놀고 맛있는 것을 먹으면서 그날그날의 행복에 충실한 타입이지요. 무언가에 얽매이는 것은 딱 질색! 자유를 사랑하는 성격을 가졌답니다.

2. 독수리
당신은 차가운 도시의 고독한 영혼! 사람들과 어울리는 것도 좋아하지만, 혼자만의 시간에서 진정한 가치를 느끼는군요. 본인만을 위한 시간과 공간이 꼭 필요한 사람이네요.

3. 여우
당신은 금전을 중요하게 생각하는 실속파 타입! 같은 상황에 있더라도 조금 더 현실적으로 생각할 줄 아는 사람이랍니다. 또래 친구들에 비해서 저금을 잘하는 알뜰한 면도 가지고 있네요.

4. 호랑이
당신은 인생에서 가족을 가장 중요하게 생각하는 따뜻한 사람! 사랑하는 가족들과의 단란한 시간에서 진정한 행복을 찾고는 하지요. 가족들을 위해서라면 내 것을 양보할 줄 아는 배려심을 지닌 사람이랍니다.

65쪽

★ 동물들이 나무 위에 올라가 있어요. 오른쪽 그림과 같은 열 개의 작은 그림들을 찾아 보세요.

91쪽

★ 아메리카 대륙의 원주민이던 인디언들은 아름답고 긴 이름으로 서로를 부른답니다. 예를 들어, 잘 우는 사람에게는 '눈물이 마르지 않는 사나이'라고 부르지요. 자신의 특징을 잘 나타낼 수 있는 인디언식 이름을 생각해 보고, 왜 그런 이름을 지었는지 까닭도 써 보세요.

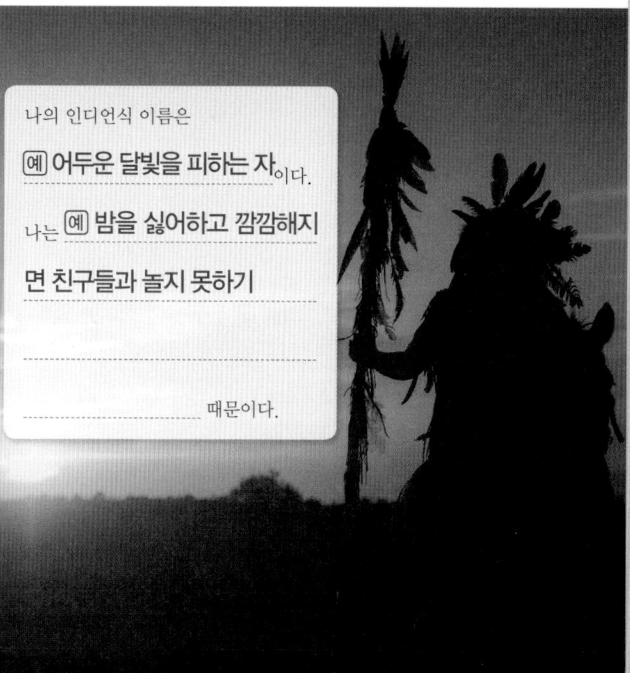

나의 인디언식 이름은
예 어두운 달빛을 피하는 자이다.
나는 예 밤을 싫어하고 깜깜해지면 친구들과 놀지 못하기
때문이다.

117쪽

★ 이런! 강아지와 산책을 나갔던 친구가 계단으로 집에 가려고 해요. 친구를 도와서 집에 가는 길을 찾아 주세요.

 주제 ❶ 노키즈존(No Kids Zone)이 필요할까?

120~125쪽

1 노키즈존은 음식점이나 카페 같은 공공장소에서 유아와 어린이를 동반한 손님의 출입을 제한하는 것이다. 2 예 아이들의 소음이나 충돌로 인해 불편한 상황이 많이 발생하기 때문이다. / 예 일부 몰지각한 부모들 때문에 불편해하는 다른 손님을 배려해야 하고, 사고가 일어날 경우 그 책임을 져야 하기 때문이다. 3 예 동생의 생일을 맞아 온 가족이 함께 음식점에 갔는데, 식당이 노키즈존으로 바뀌어 가족들이 입장을 거절당했다. 4 ① 예 노키즈존은 어린이에 대한 차별로 어린이의 인권을 침해한다. ② 예 노키즈존은 사회적 약자인 어린이에 대한 혐오로까지 이어질 수 있다. 5 노키즈존이 필요한가에 대해 의견을 나누고 있다. 6 • 진우 / 노키즈존은 필요하지 않다. / 어린이의 입장을 제한하는 것은 어린이를 차별하고 어린이의 인권을 침해하는 일이다. / • 태영 / 노키즈존이 필요하다. / 공공장소에서 시끄럽게 떠들거나 뛰어다니면 다른 사람에게 피해를 줄 뿐만 아니라 상점 주인에게도 피해가 있다. / • 세윤 / 노키즈존은 필요하지 않다. / 어린이를 동반한 부모들이 예절 교육과 함께 철저하게 관리하면 다른 사람에게 방해되지 않는다. 7 예 나는 노키즈존이 필요하지 않다고 생각한다. 어린이도 우리 사회를 이루는 구성원이므로, 어른과 마찬가지로 제한없이 공공장소를 이용할 수 있는 권리가 있다고 생각하기 때문이다.

2 글 나에서는 상점 주인의 입장에서 노키즈존이 늘어나는 까닭을 설명했고, 글 다에서는 손님의 입장이 드러난 설문 조사 결과를 제시하며 노키즈존이 늘어나는 까닭을 설명했습니다.

4 노키즈존의 문제점은 어린이 차별로 어린이의 인권을 침해하고, 나아가 어린이에 대한 혐오로까지 이어질 수 있다는 것입니다.

6 진우와 세윤이는 '노키즈존이 필요하지 않다.'는 의견이고 태영이는 '노키즈존이 필요하다.'는 의견입니다.

7 나는 노키즈존에 대해 어떻게 생각하는지 입장을 정합니다. 그리고 찬성 또는 반대 의견에 알맞은 까닭을 들어 씁니다.

126~127쪽

주제에 맞게 글 쓰기

1 처음 부분에 쓸 내용을 간단히 정리해 보세요.

예 현재 우리나라는 노키즈존을 선택하는 상점들이 늘고 있다. 뿐만 아니라 노키즈존을 알려 주는 지도도 등장했으며, 해외에서도 노키즈존은 점점 늘어 가는 추세이다.

2 가운데 부분에 쓸 내용을 간단히 정리해 보세요.

예 나는 우리 사회에 노키즈존이 필요하지 않다고 생각한다. 어린이도 우리 사회를 이루는 구성원이므로, 어린이도 어른과 마찬가지로 제한없이 공공장소를 이용할 수 있는 권리를 누려야 하기 때문이다. 노키즈존을 선택하는 것은 어린이를 차별하고 어린이의 인권을 침해하는 일이다. 이와 같은 어린이 인권 침해가 계속된다면 어린이 혐오로까지 이어질 수 있다.

3 끝부분에 쓸 내용을 간단히 정리해 보세요.

예 어린이는 부주의하여 어른의 가르침과 보호를 받아야 하는 대상이다. 그러므로 노키즈존이 필요한 것이 아니라 어른들의 가르침과 보살핌이 필요한 것이다. 부모의 보살핌으로 철저히 관리된다면 노키즈존은 필요하지 않을 것이다.

4 1~3에서 정리한 내용을 바탕으로 하여 글을 쓰세요.

제목: '노키즈존'은 어린이 차별이다

예 노키즈존은 어린이를 동반한 손님의 출입을 제한하는 것으로, 현재 우리나라에서는 노키즈존을 선택하는 상점들이 늘고 있다. 뿐만 아니라 노키즈존을 알려 주는 지도도 등장했으며, 해외에서도 노키즈존은 점점 늘어 가는 추세이다. 어린이의 출입을 제한하는 노키즈존, 우리 사회에 필요한 것일까?

나는 우리 사회에 노키즈존이 필요하지 않다고 생각한다. 어린이도 우리 사회를 이루는 구성원이므로, 어린이도 어른과 마찬가지로 제한없이 공공장소를 이용할 수 있는 권리를 누려야 하기 때문이다. 어른의 편의에 의해서 노키즈존을 선택하는 것은 어린이를 차별하고, 어린이의 인권을 침해하는 일이 된다. 게다가 이와 같은 어린이 인권 침해가 계속된다면 어린이 혐오로까지 이어질 수 있다. 노키즈존이 늘어나면서 노키즈존 상점을 방문한 어린이 손님들이 마음의 상처를 입고 권리를 침해당하는 일도 많아지고 있다.

어린이는 부주의하여 어른의 가르침과 보호를 받아야 하는 대상이다. 그러므로 어린이를 제한하는 노키즈존이 필요한 것이 아니라 어른들의 가르침과 보살핌이 필요한 것이다. 공공장소에서 부모의 보살핌으로 철저히 관리가 된다면 노키즈존과 같은 도입은 필요하지 않을 것이다.

주제 ❷ 진정한 아름다움이란 무엇일까?

128~133쪽

1 ① 예 자신감을 잃어버려 친구를 사귀지 못한다. ② 예 우울증에 걸리기도 한다. 2 예 텔레비전이나 인터넷 등의 매체에서는 날씬하고 예쁜 사람들만 나오고, 모두 화려하게 꾸미기 때문에 이를 보는 청소년들이 외모를 바꾸고 싶어 한다. 3 예 성장기의 청소년이 성형 수술을 하면 뼈나 연골에 악영향을 줄 수 있고, 커서 재수술을 하는 경우도 생긴다. 또, 정신적으로 잘못된 자기 신체상을 가지면 성형 중독으로 이어질 수 있다. 4 예 패션계에서 아름다움에 대한 고정관념을 허물고 다양한 아름다움을 추구하려는 변화가 일어나고 있다. 5 예 나는 아름다움이라고 하면 뚱뚱한 사람에게서는 찾아볼 수 없는 것이라고 생각했다. 6 예 부족한 힘이지만 나의 능력을 꼭 필요한 환자에게 쓰고 싶다는 생각을 했을 것 같다. 7 예 아무런 대가없이 도움이 필요한 사람에게 자신의 시간과 재능을 나누어 주었고, 다른 사람을 위하는 따뜻한 마음이 느껴지기 때문이다. 8 진정한 아름다움에 대해 의견을 나누고 있다. 9 • 진우 / 아름다운 외모를 갖는 것이 진정한 아름다움이다. / 보는 사람을 즐겁게 하고 닮고 싶은 마음이 들기 때문이다. / • 태영 / 자신만의 개성을 갖는 것이 진정한 아름다움이다. / 우리 모두가 각자 다른 외모와 생각을 가진 특별한 존재이기 때문이다. / • 세윤 / 다른 사람을 위해 봉사하는 마음을 갖는 것이 진정한 아름다움이다. / 진정한 아름다움은 외모가 아니라 다른 사람을 위하는 마음에 있기 때문이다. 10 예 나는 자신감이 진정한 아름다움이라고 생각한다. 외모가 뛰어나지 않아도 자신감이 있는 사람은 당당하고 아름답게 느껴지기 때문이다.

2 날씬하고 예쁜 사람들만 선호하는 대중 매체의 특징 때문에 이를 본 청소년들은 그들처럼 외모를 바꾸고 싶어 합니다.

7 의사 선생님은 자신의 재능으로 다른 사람을 도울 수 있다는 점에서 기쁨과 보람을 느낄 것이고, 그 모습을 본 다른 사람들은 의사 선생님의 모습에서 아름다움을 느낄 것입니다.

134~135쪽

주제에 맞게 글 쓰기

1 처음 부분에 쓸 내용을 간단히 정리해 보세요.

예 요즘 청소년들은 예쁘고 아름다운 외모만이 아름다움이라고 생각한다. 그래서 개성 있는 자신의 얼굴에 불만을 가지고 심각한 부작용이 생길 수 있는 성형 수술을 하고 싶어 한다.

2 가운데 부분에 쓸 내용을 간단히 정리해 보세요.

예 나는 진정한 아름다움이란 자신감에서 나오는 것이라고 생각한다. 외모는 평범하지만 자신감 있는 사람은 첫눈에는 그 사람의 매력을 못 찾을 수도 있다. 하지만 시간을 갖고 함께하다 보면 그 마음이 말과 행동으로 드러난다. 그래서 다른 사람이 볼 때 활기차고 당당하며 그 기운을 함께 얻고 싶어진다. 곧 그것이 그 사람의 아름다움이 된다.

3 끝부분에 쓸 내용을 간단히 정리해 보세요.

예 외모를 가꾸는 일보다 더 중요한 것은 자신의 마음을 가꾸는 것이다. 내가 나를 뽐내고 아름답게 보일 수 있는 힘은 자신감에서 나온다고 생각한다.

4 1~3에서 정리한 내용을 바탕으로 하여 글을 쓰세요.

제목: 자신감이 진정한 아름다움이다

예 텔레비전이나 인터넷 방송에는 예쁘고 잘생긴 연예인이나 유튜버들이 나와 외모를 자랑한다. 그것을 보는 요즘 청소년들은 예쁘고 아름다운 외모만이 아름다움이라고 생각한다. 나아가 자신의 외모와 비교하면서 불만을 가지게 되고, 자신의 외모를 고치고 싶어 한다. 일부는 성형 수술까지 선택한다고 한다. 청소년들의 생각처럼 예쁘고 아름다운 것이 진정한 아름다움일까?

나는 진정한 아름다움이란 자신감에서 나오는 것이라고 생각한다. 겉으로 보이는 아름다운 얼굴과 건강한 몸도 중요하다. 하지만 외모가 아름다운 사람이 말과 행동이 바르지 못하면 예뻐 보이지 않는다. 또, 외모가 아름다운 사람이 항상 기가 죽어 있으면 그 사람의 매력이 반으로 줄어들기도 한다.

반면 외모는 평범하지만 자신감 있는 사람은 첫눈에는 그 사람의 매력을 못 찾을 수도 있다. 하지만 시간을 갖고 함께하다 보면 그 마음이 말과 행동으로 드러난다. 그래서 다른 사람이 볼 때 활기차고 당당하며 그 기운을 함께 얻고 싶어진다. 곧 그것이 그 사람의 아름다움이 된다.

우리는 몸과 마음이 함께 자라는 시기에 있다. 당연히 외모에도 관심이 많고 예쁘게 보이고 싶기도 하다. 그러나 외모를 가꾸는 일보다 더 중요한 것은 자신의 마음을 가꾸는 것이다. 내가 나를 뽐내고 아름답게 보일 수 있는 진정한 힘은 자신감에서 나온다고 생각한다.

독서노트

내가 읽은 책은?

읽은 날짜 월 일

책 제목	발명 이야기
글쓴이	왕연중

1 이 글을 읽고 새로 알게 된 내용과 그 내용에 대한 생각이나 느낌을 쓰세요.

✔ 새로 알게 된 내용

예 라면이 꼬불꼬불한 이유가 작은 포장지에 많이 담을 수 있게 하려는 것이라고만 생각했는데 보존 기간을 늘리기 위한 방법이었다는 것도 알게 되었다.

✔ 생각이나 느낌

예 간단하고 단순해 보이는 것도 많은 문제를 해결하며 이루어진 발명이라는 것을 깨달았다.

2 이 글을 읽고 더 알고 싶은 내용은 무엇인지 쓰세요.

예 면을 튀기지 않은 라면도 상품으로 나오고 있는데 어떤 방법으로 개발된 것인지 궁금하다.

※ 가이드북 16쪽에 있는 예시 답안을 확인하세요.

내가 읽은 책은?

읽은 날짜 월 일

책 제목	아버지의 생일	달걀 두 개
글쓴이	이철환	김진수

1 이 글을 읽고 기억에 남는 장면과 그 까닭을 쓰세요.

✔ 기억에 남는 장면

예 순영이가 자기 그릇의 순대와 고기를 아빠의 그릇에 가득 담아 주는 장면

✔ 그 까닭

예 아빠를 사랑하는 순영이의 마음이 잘 느껴졌고 순영이의 행동이 기특했기 때문이다.

2 이 글을 읽고 어떤 생각이나 느낌이 들었는지 쓰세요.

예 부모님께 효도하는 방식은 사람마다 다르다. 그러나 공통점은 부모를 사랑하는 마음이 바탕이 되어 있다는 것이다. 그 마음을 자주 표현하는 것이 효도의 기본이라는 생각이 들었다.

※ 가이드북 16쪽에 있는 예시 답안을 확인하세요.

내가 읽은 책은?

읽은 날짜 월 일

책 제목	임금님께 바치는 북학의
글쓴이	박제가

1 이 글을 읽고 기억에 남는 내용과 그 까닭을 쓰세요.

✔ 기억에 남는 내용

예 청나라에서 똥을 금처럼 아끼며 말이 지나가면 따라가 똥을 줍는 내용

✔ 그 까닭

예 더럽고 하찮게 생각했던 똥을 귀하게 여기는 것이 신기했기 때문이다.

2 이 글을 읽고 어떤 생각이나 느낌이 들었는지 쓰세요.

예 우리가 배설하는 똥오줌이 더럽고 하찮아 쓸모없는 것이라고만 생각했는데, 농사에 거름으로 쓰여 큰 도움이 된다니 세상에 쓸모없는 것은 없는 것 같다.

※ 가이드북 16쪽에 있는 예시 답안을 확인하세요.

내가 읽은 책은?

읽은 날짜 월 일

책 제목	어린이 찬미
글쓴이	방정환

1 이 글을 읽고 기억에 남는 장면과 그 까닭을 쓰세요.

✔ 기억에 남는 장면

예 아이가 어른의 무릎 위에서 편안히 잠을 자는 장면

✔ 그 까닭

예 아이의 티 없이 맑고 깨끗하고 평화로운 모든 것이 잠을 자는 얼굴에 모두 담겨 있기 때문이다.

2 이 글을 읽고 어떤 생각이나 느낌이 들었는지 쓰세요.

예 어린이는 작고 약하고 어른이 보호해야 하는 상대라고만 생각했는데, 글을 읽고 어린이가 어른에게 가르침을 주고 사랑도 주고 복도 주는 위대한 존재라는 생각이 들었다.

※ 가이드북 16쪽에 있는 예시 답안을 확인하세요.

기적의 학습서

오늘도 한 뼘 자랐습니다

길벗스쿨